《清华管理评论》精选集

组织变革

《清华管理评论》编辑部 主编

企业管理出版社
ENTERPRISE MANAGEMENT PUBLISHING HOUSE

图书在版编目（CIP）数据

组织变革 /《清华管理评论》编辑部主编. — 北京：企业管理出版社，2023.10

ISBN 978-7-5164-2902-0

Ⅰ.①组⋯ Ⅱ.①清⋯ Ⅲ.①企业管理-组织管理学-研究 Ⅳ.①F272.9

中国国家版本馆CIP数据核字(2023)第182804号

书　　名：	组织变革
书　　号：	ISBN 978-7-5164-2902-0
作　　者：	《清华管理评论》编辑部
责任编辑：	蒋舒娟
出版发行：	企业管理出版社
经　　销：	新华书店
地　　址：	北京市海淀区紫竹院南路17号　　邮　编：100048
网　　址：	http://www.emph.cn　　电子信箱：26814134@qq.com
电　　话：	编辑部（010）68701661　　发行部（010）68701816
印　　刷：	北京亿友创新科技发展有限公司
版　　次：	2023年10月第1版
印　　次：	2023年10月第1次印刷
规　　格：	880毫米×1230毫米　1/32
印　　张：	6.125印张
字　　数：	127千字
定　　价：	58.00元

版权所有　翻印必究　·　印装有误　负责调换

序言

　　《清华管理评论》是一本致力于传播前沿管理思想，关注企业管理前瞻性和实效性问题，贴近中国企业实践的管理类杂志。以"思想引导变革"为办刊宗旨，以"全球视野、中国根基、政经智慧、人文精神"为刊物特色。

　　杂志创刊于2011年，恰好是中国移动互联网快速发展伊始。随着技术的不断演进，中国移动互联网以惊人的速度发展，持续扩大的用户规模和日渐丰富的应用场景，给各行各业带来天翻地覆的变化，也为一系列新技术的发展和应用创造需求与场景。商业社会由此进入一个"颠覆性变革"频频发生的时代，易变性、不确定性、复杂性、模糊性成为最常被提及的时代特征。

　　《清华管理评论》见证了这样一个时代的到来。自创刊以来，刊发大量兼具思想性与实效性的文章，记录正在发生的变革。有的文章用经典理论分析新变化，期望以"不变的本质"理清"变的表象"；有的文章基于新变化发展经典理论，使之具有更广泛的适应性；有的文章从新变化中总结、提炼新的理论和方法，提供新的实践策略和行动指引。

作为一本管理学刊物，《清华管理评论》记录商业世界众多颠覆的故事；作为一种被冠以"传统"二字的媒体，它似乎正是被颠覆的对象。与具有开放性、无限性与即时性的新媒体相比，在这个"多即是对、快即是好"的新时代，一本以月为周期，每期一百多页篇幅，内容以单一的文字形式印刷在纸上的刊物似乎确实是不合时宜的。在新的变化让既有经验及知识体系的可靠性遭到挑战之时，最大限度地获取最广泛的人群发出的最新信息，是否是唯一的正确的选择？恐怕并非如此。摆脱已成为束缚的既有理念及知识体系固然振奋人心，但碎片化的知识、信息及见解若不能重新编织成网，新媒体所承诺的无限未尝不是另一种禁锢，喧哗之后余下的只有噪声。因此，如果仍然对结构化的知识或是系统性的理论抱有期待，包括期刊和图书在内的传统媒体就是有价值的。

"思想引导变革"是《清华管理评论》自创刊之日起就确定的宗旨。对思想性的强调，吸引了一大批对"快节奏""微小叙事"保持警惕的作者。无论是具有深厚学术功底的高校及研究机构的学者，还是具有丰富实践智慧的企业家和管理者，抑或是具有敏锐洞察力的机构专家，不同的身份和背景或许带来了不同的视角，但他们都相信深度思考是构建系统性和结构化知识的关键。因此，他们不满足于对新的实践给出可行与不可行的判断，更试图描述这些判断背后的假设；他们不认为将"新知"驱入具体实践就足够了，而是尝试将其编织到管理学的意义之网中，通过系统地吸收去启发更多的创见。

正因如此，这套由《清华管理评论》创刊以来刊发的文章组成的"精选集"，虽然是"过往"文章的集结，呈现的是过去十余年商业世界的颠覆性变革，以及剧烈变化推动下的管理思想的更迭变迁；但它更是面向未来的、对于"思想性"及"系统性"的追求，使其具有某种牢靠性，可以基于此去定义、理解甚至创造新的变化，在持续的革新中向着目标前进，并保持足够的平稳。

"精选集"包含组织变革、领导力、人力资源、数字时代的管理创新与变革、中华文化与管理、强国战略与管理创新等十余个主题，将陆续出版。

目录

1. 共益企业——使命驱动的第四代组织管理模式　阳镇　尹西明　陈劲　1
2. 如何免缴管理税？自组织的实践　张勉　21
3. 组织韧性的机制与过程　马浩　41
4. 数字时代的"高韧性"组织：人单合一　王钦　51
5. 虑深通敏　与时偕行——三台组织架构如何应对危机　李平　孙黎　邹波　薄清文　61
6. 启动双元组织的危机叙事方法　鲍勇剑　袁文龙　Oleksiy Osiyevskyy　71
7. 生态型组织：物联网时代的管理新范式　曹仰锋　95
8. 天生具备，还是后天培养？——组织中的即兴能力开发　何辉　肖慧芹　119
9. 平台组织：热潮中的反思　井润田　赵宇楠　135
10. 网络时代的组织学习之道　王雪莉　145
11. 平台组织：迎接全员创新的时代　陈威如　徐玮伶　157
12. 组织再认识：组织，还是组织过程　冯云霞　徐一凡　175

1 共益企业——使命驱动的第四代组织管理模式

共益企业是通过组织的使命混合化打造的一种新型的组织模式，我们称之为使命驱动的第四代管理组织模式。其整合了传统商业组织以股东经济价值最大化为目标的市场利润导向，以及社会企业、非营利组织以社会价值创造为目标的公共利益导向，为组织的所有利益相关者创造共赢价值，从而实现价值创造与共享的良性循环。

——阳镇 尹西明 陈劲 | 文

公司使命理论的演化

公司的使命到底是什么？新古典经济学理论认为，公司的使命是实现成本最低化、产出最大化，驱动公司运转的内在使命便是利润最大化。在这一范式下，组织形态只存在商业性组织与非商业性组织。

20世纪早期针对企业性质与公司使命的探讨，仍未脱离新古典经济学的框架，公司使命便是为股东创造最大化的经济价值。

进入20世纪80年代，随着企业对社会环境的影响逐渐扩大，企业生产过程中的企业劳工问题、环境问题、消费者问题不断涌现。更为关键的是，随着国际化进程加速，大量的跨国公司面临一系列的社会环境挑战，驱使学界与企业界进一步反思企业的使命。其中，以利益相关者理论重新定义企业的使命获得了学界的广泛认可。

自20世纪80年代后期，履行社会责任成为社会对于企业使命变革的重要呼声与价值期望，由此掀起了第一轮真正意义上的全球企业社会责任运动，主要表现为许多跨国公司在消费者运动、人权运动以及劳工运动的压力下，纷纷制定一系列生产责任守则与行为准则。

进入20世纪90年代，随着社会企业家精神的兴起，以及传统非营利组织的资金来源竞争日趋激烈，社会企业（Social enterprise）作为弥补传统商业企业市场失灵以及非营利组织志愿失灵的一种新型组织模式在世界范围内逐渐兴起，掀起了以社会企业为组织载体的第二轮企业社会责任运动。社会企业基于社会目标，通过社会项目的商业化运作同时实现社会目标与经济目标，因而属于典型的混合型组织（Hybrid organization）。

进入21世纪，全球面临的社会环境挑战日益严峻，企业、政府与多元社会主体面临的压力逐渐增大。而且，传统商业组织、社会公益组织乃至政府等公共部门组织在解决社会环境问题过程中都不同程度地碰到失灵问题。2007年，洛克菲勒基金会首次提出影响力投资（Impact investment），希望商业的力量能够与社会影响和社会公益实现跨界融合，尤其是应对商业组织层出不穷的社会责任行为异化问题。因此，在商业的成功需要重新被定义的理念下，企业社会责任的新运动轨迹应运而生，试图通过组织的使命混合化来打造一种新型组织模式，实现企业社会责任运动轨迹的可持续。

共益企业：使命驱动型企业的新风向

共益企业（Benefit corporation）正是在上述背景下兴起的一种新型使命驱动型企业，我们称其为使命驱动的第四代管理组织模式。

共益企业由共益企业实验室（B-Lab）提出，以商业企业为主体的市场组织与非营利组织、社会企业为代表的第三部门组织在组织形态层面寻求使命混合，以传统商业组织的股东利润追逐为市场导向，并融合社会企业、非营利组织的社会价值与公共利益导向，形成混合均衡型的多重使命，为组织的所有利益相关者而不仅仅是股东创造共赢价值。因此，共益企业实验室倡导基于共益企业这一新的混合组织形态，搭建商业与社会相互融合的桥梁，再次掀起了新一轮的企业使命变革（见图1）。

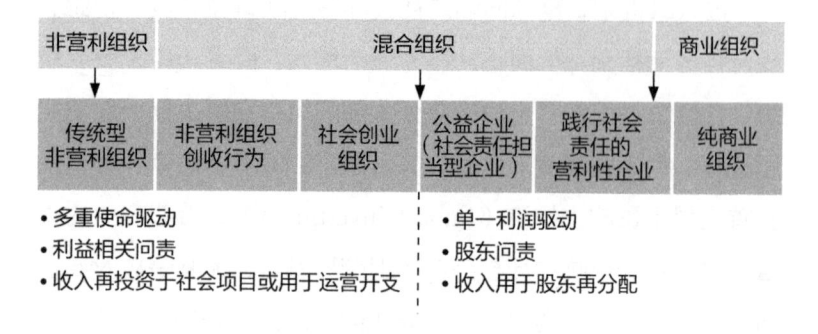

非营利组织	混合组织				商业组织
传统型非营利组织	非营利组织创收行为	社会创业组织	公益企业（社会责任担当型企业）	践行社会责任的营利性企业	纯商业组织

- 多重使命驱动
- 利益相关问责
- 收入再投资于社会项目或用于运营开支

- 单一利润驱动
- 股东问责
- 收入用于股东再分配

图1 组织类型的混合光谱

共益企业是以经济与社会环境价值创造为双重组织使命的新型使命驱动型企业，在组织绩效方面追求双重价值创造的平衡与可持续。

随着北美以外的第一家共益企业于2012年在智利获得认证，新一轮的社会责任组织运动开始在国际上蔓延，并迅速传播至南美、大洋洲、欧洲等地区。

双重使命的合法性建构

在共益企业实验室对政府立法组织的不断游说下，共益企业的合法性地位逐渐得到美国30多个州的法律许可。美国对于共益企业这一新型混合型组织有了相关立法，从而给予了共益企业法律制度层面的合法性支持，共益企业这一新型使命驱动型企业进而获得了市场运营的外部制度合法性。在美国，法律制度范畴内的混合型的组织形态主要包括：共益企业、低利润有限责任公司、社会目的公司与灵活目的公司。共益企业实验室敦促州立法机构采纳他们起草的《共益企业法案》(Model Benefit Corporation Legislation, MBCL)。在共益企业实验室的推动和帮助下，美国特拉华州2013年通过了一项法令，允许企业自主选择治理结构，即允许组织自主选择董事会对利益相关方的责任边界。然而，特拉华州的法规与《共益企业法案》(MBCL)有一些显著差异，在一些维度中使用了稍微不同的术语，使用特拉华州版本的公司被称为"公共型共益企业"(Public Benefit Corporations)，有时也被称为"PBC公司"。"PBC公司"法案与《共益企业法案》存在的区别见表1。在外部制度合法性地位得到确立的背景下，越来越多的企业家寻求通过共益企业实验室的认证，通过评估认证框架验证他们的独特的价值观集合，从而有效证明共益企业家的双重使命驱动下的价值实践。

表1 美国特拉华州的公共型共益企业法案与《共益企业法案》的比较

条例	特拉华州的法规（公共型共益企业，Public Benefit Corporations）	《共益企业法案》(Model Benefit Corporation Legislation)
公司目的	公司"打算生产……"公众利益和以负责任和可持续的方式运作。为此目的，公共型共益企业的管理应当平衡股东的经济利益、受公司行为影响的最大利益以及公司成立证书所确定的公共利益	企业需要创造一般性的公共利益，将其定义为"对社会和环境的物质积极影响"的一个整体

续表

条例	特拉华州的法规（公共型共益企业，Public Benefit Corporations）	《共益企业法案》（Model Benefit Corporation Legislation）
公司目的	需要选择一个或多个特定的公共目的没有具体的强制执行未能达到的目标或追求的目标	
董事问责	需要平衡股东的经济利益、受公司行为影响重大的人（利益相关方）的最大利益以及公司使命宣言（组织治理章程）中确定的公共利益或公共利益	需要考虑决策对所有涉众的影响
	董事决策受商业判断规则保护	董事决策受商业判断规则保护
	利益相关者对所有公正决策的责任解释——非理性选择没有"恶意"（bad faith）的例外	如果商业判断标准符合，包括合理性，则对利益相关方的不相关决策的责任予以免除
共益董事长	无	公营公司和在某些司法管辖区的私营公司需要
公众透明度	需要每两年向股东报告一次，并评估公司行为和任何指定的公共利益对受重大影响者的利益的影响（无第三方标准要求）；允许更多的公开报道；经常使用第三方标准和/或认证，没有公开披露要求	根据第三方标准对任何指定的具体公共利益和所有利益相关方进行评估；并进行公开报告和年度评估

资料来源：根据Alexander F.（亚历山大.F., 2016）翻译整理

如何成为共益企业

商业组织要想成为认证的共益企业,需要通过独立的第三方评估,并将评估与支持性文件提交到共益企业实验室,根据需要修改公司章程(取决于合并的状态)。

共益企业实验室是一个非营利组织实体,倡导利用商业力量再次寻求使命的变革,以解决社会和环境问题的企业家的全球运动。共益企业实验室评估企业在公共服务领域的活动,对那些符合某些标准的公司进行认证,主要对那些自愿采取负责任的标准、自愿加入和满足某一特定的由共益企业实验室制定的社会责任标准的企业进行认证。通过认证的具有可持续发展属性的企业,共同建立一个共益企业社群,构建可持续的商业生态圈。

为了获得共益企业实验室的认证,一家公司必须从涵盖不同类型的200个评估问题中获得80分以上,而评估问题的类型取决于其商业运营的类型和它规模的大小。如果这一步骤通过,公司将与共益企业实验室的工作人员进行评估评审。即使一家企业获得共益企业实验室的评估认证,它仍将面临随机性的年度审查,以确保共益企业使命的延续性。

共益企业实验室认证共益企业的关键标准主要包括五大领域,分别是公司问责/治理机制、员工、消费者、社区和环境。其中:公司问责/治理机制领域涵盖公司治理指标以及企业透明度、董事会和反腐败机制;员工领域涵盖薪酬、福利和培训、工作环境、员工所有制(员工持股)、管理和员工沟通、工作灵活性和企业文化等；社区领域主要包括社区客户服务多元化、供应商和分销商的社会和环境绩效、公民参与和捐赠、社区服务政策、生产有益产品和服务需要的人；环境领域主要包括能源使用、排放、减少对活动的环境影响，有毒/有害物质减少，污染预防和补救，环境管理系统，对环境影响的供应链评估以及对社会和环境关注的商业模式。具体来看，共益企业认证的关键指标主要包括组织战略层面的董事会的职责、组织运营管理层面的组织透明度、组织价值创造层面的综合价值与共享价值。

1. 董事会的职责

共益企业的治理章程，除了包含董事会的经济利润使命之外，还包含企业公共性利益相关方的其他公共性利益。更关键的是，共益企业需要在二者之间找到平衡，多重使命均衡成为共益企业的突出特征。从这个意义上看，共益企业的组织使命是创造基于经济、社会与环境的综合型、均衡型与共享型的价值，而非单一性的经济价值或社会环境价值，寻求多重价值之间的内在相容。因此，在共益企业的组织治理过程中，对于董事会的职责而言，独特的组织使命使得董事会的职责发生变更，一个重要的词是"必须"，即董事会不仅要考虑股东，还要考虑股东员工、供应商、顾客、社区和社会因素，以及当地社区和全球环境的影响，实现短期和长期利益的平衡，以及将其考虑在组织的管理与业务行动中实现。这意味着共益企业明确了对这些利益相关方的考虑是企业最大的利益，从而拓宽了传统董事会对谁负责的基本内涵。在权衡利益时，没有单个股东的利益成为优先的考量因素，优先考虑的因素仅仅是有助于实现组织基于经济价值、社会价值与环境价值的综合价值创造的最大化。

2. 透明度

透明度意味着组织在运营管理过程中的重大战略决策部署、管理层状况、企业的经营状况（包括经营的绩效面临的潜在问题），以及企业价值创造等，能够清晰地被组织的利益相关方而不仅仅是单一的股东所知晓。在此基础上，组织的利益相关方能够清晰地了解组织内的资源链、知识链以及创新链等不同链条的制度安排与要素流动，明晰组织如何为利益相关方创造价值。区别于一般性的商业企业，共益企业在多重使命驱动下需要创造更加综合的经济、社会与环境价值，搭建基于组织利益相关方的价值共创、共享平台，驱动组织可持续地创造综合价值与共享价值。因此，对于共益企业的认证标准而言，其组织透明度具有区别于一般企业的要求，组织透明度成为评价组织是否具有共益属性的关键指标，基于合规性、透明性与开放性的价值共创空间深刻影响利益相关方对共益企业这一新型的使命驱动型企业合法性的获取与维持过程。

具体而言，共益企业需要公开披露两份具有独立性质的年度收益报告，主要涉及公司对于公共性利益相关方与经济性利益相关方的价值期望的实现程度。一方面，共益企业需要一个独立的董事，能够监督董事们是否对董事会履行了相应的职责，基于公开披露的年度报告监督共益企业在运营管理过程中是否考虑了企业股东与其他利益相关方的相应利益，如果不能满足某些公共性利益，报告必须包含对其进行合理解释的说明。另一方面，企业的合规透明度报告是年度报告的第二个部分，要求向社会公共性利益相关方公开表达企业在经济与公共社会价值领域做出的相应贡献，内容包括企业如何在追求经济使命驱动下的经济利润的过程中，更好地取得社会与环境领域价值创造的成就，并对共益企业的社会和环境绩效进行全面评估，体现了共益企业对公共性利益相关的价值创造透明化披露。总之，不管是年度收益报告还是合规透明性报告，都要求在公共性的社会平台予以透明化披露，因而企业运营与管理的公开透明化，成为共益企业的关键认证要素。

3. 共享价值

共享价值（Share value）自波特（Porter）和克莱默（Kramer）（2011）年提出后，被描绘成一种"新的资本主义概念"，能够"释放下一波全球增长"。其认为"每家公司都应该从共享价值的角度看待决策和机会。这将带来新的方法，为企业带来更大的创新和增长，也为社会带来更大的利益"。共享价值理论认为企业应该更广泛地考虑利润之外的社会利益与公共价值创造，在企业从事经济价值创造过程中，为社会所面临的共同问题做出应有的贡献。正如波特和克莱默2011年所提到的，当一家公司把核心竞争力集中在解决社会问题的方案上，为其股东创造利润时，就会达成最好的企业社会责任实践。

从组织战略管理的视角来看，共享价值理论的提出，颠覆了传统战略管理的单边股东价值主导企业战略决策过程，认为组织的战略决策能够基于双重使命驱动的战略决策逻辑实现经济价值与社会环境价值的有机整合。实际上，如果将企业价值和社会价值视为两个不同的圆，那么可以而且应该通过企业战略实现两个圆之间相互交融，使其慈善活动和企业社会责任活动与公司价值链的核心活动保持一致，追求企业社会责任嵌入公司战略与业务竞争活动之中，进而创造基于经济价值、社会价值与环境价值的最大同心圆，追求更为广泛的经济性与社会性利益相关方的共享价值（见图2）。

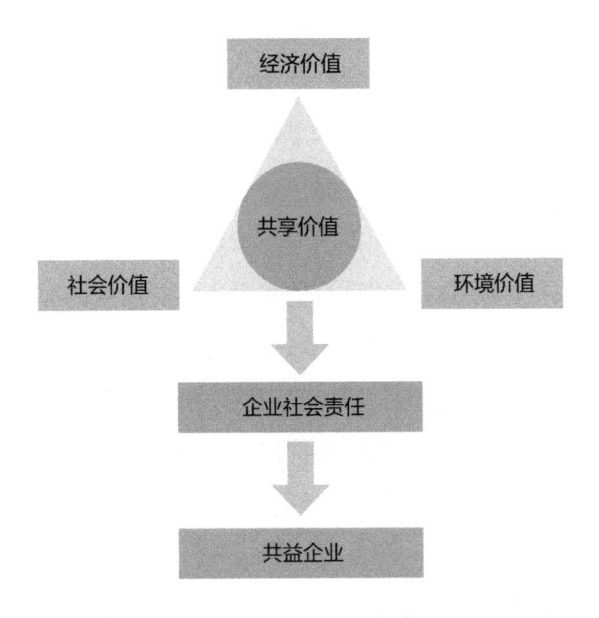

图2 基于综合价值与共享价值创造的共益企业

在共益企业的认证评价层面，任何商业组织变革组织使命并选择成立/转型为共益企业也是一种自愿行为，意味着其将商业价值、社会价值和环境价值的追求作为基本的业务运行宗旨，以其整合性的组织管理模式作为实现社会环境需求的基本依托，在解决经济需求的同时，对社会环境产生正的外部效应与社会环境的净效益。在组织的价值过程中，企业的员工、顾客以及社区与环境等多元利益相关方则是共益企业价值创造的共享主体，一定程度上共益企业契合了共享价值理论的基本内涵。最后，在共益企业的绩效评估方面，它包括一个客观的第三方标准，类似于公正的第三方评价。因为在其追逐利润的过程中，共益企业在业务运营过程中考虑到利益相关方、社会和环境利益的灵活性，其在承认企业商业属性的前提下，不将追逐经济利润最大化作为首要的动机，一定程度上在其运营业务本身具有可持续的基础上支撑了企业社会责任的行为实践。因此，共益企业较为典型地反映了双重导向型组织在社会责任实践组织范式上的超越，将社会使命融入商业运营的血液之中，从而在经济价值创造的某一领域中实现社会价值的创造，或者在社会与环境价值创造领域中实现经济价值创造，最终形成基于经济价值、社会价值与环境价值的共享价值，以应对经济价值创造领域所面对的社会与环境的问题以及挑战。

共益企业的认证概况

共益企业实验室通过对共益企业的评估和相关指标的确定向全球各国提供共益企业认证。在美国，共益企业与被共益企业实验室认证的共益企业具有一定的差异。自2007年首家美国企业被共益企业实验室认证以来，共益企业实验室所认证的共益企业已经覆盖50多个国家、130多个行业的2500家企业，其中约三分之二的企业来自欧美国家。截至2018年，中国有10家企业被共益企业实验室认证为共益企业，中国被认证的共益企业大部分为创业期或成长期的企业，行业主要分布在教育、科技与医疗等领域。被认证的共益企业的创业过程本身就是由双重使命的价值观驱动，尝试以"三重底线"为基本运营原则，立足于商业组织的经济使命，有效整合企业在运营管理过程中涉及的公共性利益相关方的价值创造网络，将组织的综合价值创造与共享价值理念融入产品研发设计、运营管理与业务实践之中。

具体而言，从全球被认证的共益企业的数量来看（见图3），共益企业实验室自2007年以来向全球具有经济、社会与环境意识的使命驱动型企业提供认证，以推动全球商业企业向双重使命驱动型企业转型，更好地打造"好公司"与"伟大企业"。2008年至2018年，共益企业实验室认证的共益企业数量从2008年的125家增长到2018年的2500家，以共益企业为代表的新一轮使命驱动型企业范式在全球悄然兴起。

从分布区域来看（见图4），共益企业实验室所认证的共益企业主要分布在北美洲、欧洲和南美洲，占比分别为55%、17%和15%。而转型中国家分布较多的区域如亚洲、非洲被认证的共益企业数量相对较少，占比皆为2%。这说明当前共益企业实验室认证的共益企业仍然以发达国家的企业为主，在发展中国家中认证的共益企业的数量较少。

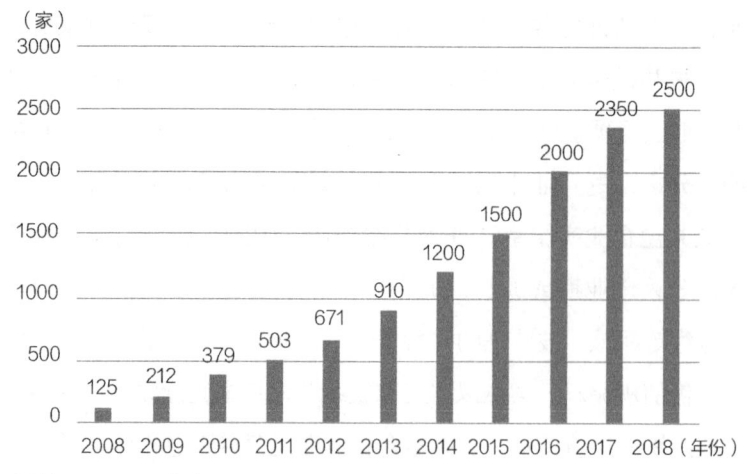

资料来源：B公司网站（B Corporation Website）

图3 共益企业在全球的认证数量

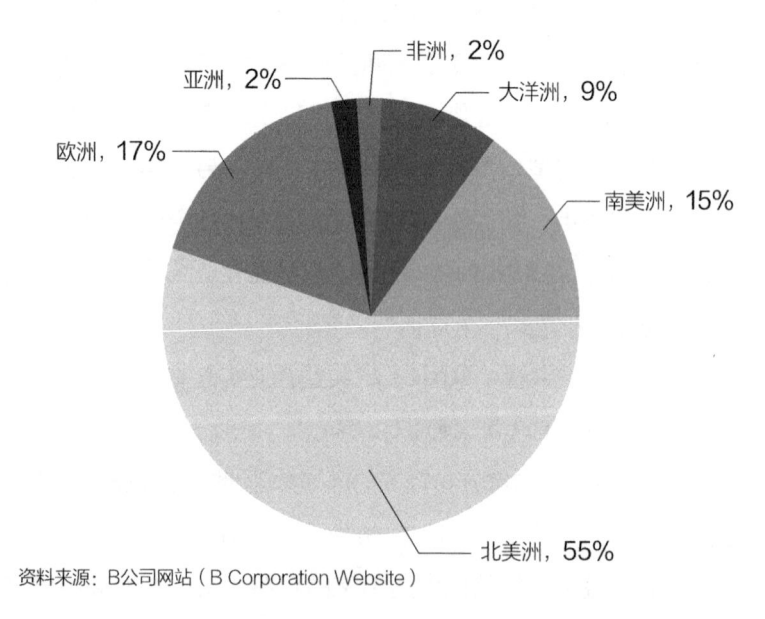

资料来源：B公司网站（B Corporation Website）

图4 被认证的共益企业的全球分布比例

14

共益企业与第四代组织管理模式

陈劲和尹西明（2019）认为，在时代转型和科学范式变革的交互推动下，管理学经历了从古典管理到现代管理再到后现代管理的三次跃迁。在新科技革命和可持续发展挑战的双重背景下，以哲学使命和整合价值观驱动的第四代管理学——整合管理——正在兴起。共益企业作为有机整合组织经济使命和社会环境使命的新型组织模式，正是典型的第四代组织管理模式。

具体而言，共益企业与商业企业、社会企业、非营利组织在组织使命、组织目标、运行机制、成立主体、人力资源属性、逻辑导向、资金来源、社会责任定位、竞争机制与绩效评价方面都存在极大的差异（见表2）。

表2 共益企业与其他组织类型的区别要素

区别要素	商业企业	社会企业	共益企业	非营利组织
组织使命	经济利润最大化	社会利益为主，经济利润为辅	经济、社会与环境综合价值最大化	社会利益最大化
组织目标	获得市场利润	创造社会价值为主	创造经济、社会与环境的共享价值可持续的商业模式构建	创造社会价值
运行机制	市场竞争机制	公益性运营为主，市场运作为辅	综合价值共创共享的信任机制	公益性运作
成立主体	创业企业家、股东	具有社会精神的企业家	具有价值共创共享的股东与员工等多元利益主体	社区或公益性组织

续表

区别要素	商业企业	社会企业	共益企业	非营利组织
人力资源属性	经济人	社会人	经济与社会属性兼具的共享人	社会人
逻辑导向	市场逻辑	社会逻辑为主，市场逻辑为辅	市场逻辑与社会逻辑（混合逻辑）	社会逻辑
资金来源	市场化商业化运营利润	捐赠、政府支持资金、市场利润	社会责任投资、市场化商业化运营利润	慈善捐赠、志愿者服务
社会责任定位/属性	附属性、外溢性与边缘性	嵌入	融合	使命追求
竞争机制	市场价格与成本机制	道德认知为主，价格竞争为辅	社会责任成熟度	道德认知
绩效评价	商业利润	社会责任为主，商业利润为辅	综合价值、共创价值与共享价值	社会责任

共益企业基于经济、社会与环境综合价值最大化的组织使命定位，通过商业活动创造经济、社会与环境的共享价值，从而构建可持续的商业模式。因此，从共益企业的组织内人力资源属性来看，共益企业的运行超越了单一"经济人"或"社会人"下的经济属性或社会属性，而是依赖基于共享价值创造理念的"共享人"。在社会责任定位上，共益企业不是将企业社会责任简单地视为嵌入性、附属性或纯社会使命追求活动，而是通过组织责任型领导，将社会责任融于商业活动中，从而吸

引利益相关方的社会责任投资。此外,对于共益企业的评价也和传统商业性组织的绩效评价模式有着本质的差异,共益企业的绩效评价指标主要是创造经济、社会与环境价值的综合能力的社会责任成熟度。

总之,共益企业的形成是在经济、社会与环境多重需求的推动下,由共益企业家通过商业市场化运作方式,用创新的组织解决经济、社会与环境问题,提供可满足经济、社会、环境多重价值需求的产品或服务来实现价值创造和价值共享,从而推动经济与社会的持续性变革。为了同时肩负经济与社会环境的双重使命,不至于使命偏移,需要形成并创新可持续性的商业模式,实现社会性和商业性的动态融合,从而实现共益企业的可持续发展。在公司治理层面,需要真正意义上实现企业社会责任的内生性融入公司治理,突破原有的"外挂式""附属式""游离式""嵌入式"的企业社会责任观。在企业战略决策与运营管理层面,需要推动公司的董事会重新考虑利益相关方的利益,从而将共益企业内的公司股东利润意义上的经济使命和社会责任意义上的社会环境使命融合起来。显然,共益企业的形式是否会改变商业的面貌以及商业和社会之间的关系,是否能有效促进公司的社会责任履行还有待商业实践本身的检验。但不可否认的是,共益企业作为一种独特的社会责任型企业,为社会价值创造提供了第四种可能性,具有可持续发展的巨大潜力。

从组织使命角度来看,共益企业作为一种混合型双重使命驱动型企业,通过经济、社会与环境的使命融合,尝试在商业活动中融入社会性生产要素产生社会与环境的溢出效应，从而创造综合价值与共享价值。因此，从组织运营管理的过程来看，共益企业基于双重使命的价值主张，在运营过程中实现经济性与社会性目标的兼容，使得企业商业模式更有社会环境意识，最终形成可持续性商业模式（Sustainable Business Model，SBM），即意味着其基本的经济业务活动所创造的经济价值最终纳入亟待解决的社会公共问题之中，通过满足社会性消费者的价值追求，实现利益相关方的价值增值，从而实现价值创造与共享的良性循环（见表3）。

表3　可持续性商业模式（SBM）与共益企业运行的特征框架

维度	SBM特征	共益企业运行的特征	分析维度框架的共性特点
组织使命	在社会维度表达愿景或使命，以及对于环境和经济的结果	创造一个更好的世界	社会和环境融入组织使命
组织绩效	组织能够容忍短期财务结果，以至于社会和环境结果可以实现。利润是一个达到可持续发展目的的"手段"	利润仅是一个达到可持续发展目的的"手段"；通过一个综合的整合目标模型来创造积极的社会和/或环境结果和影响	利润并不是公司短期财务的主要绩效目标，并基于利润实现社会与环境价值
组织目标	聚焦于长远目标，有耐心的股东	在组织的商业模式中融入组织的社会目标	实现组织目标的等待时间更长，对等待更具耐心，且基于多重使命的自主业务，更具调整自主性

续表

维度	SBM特征	共益企业运行的特征	分析维度框架的共性特点
组织制度	通过沟通、涉众教育、领导和获取成功使企业的可持续性模式制度化	将可持续性的价值创造理念内化于组织制度	积极的、热情的领导和拥护者（追随者）制度化，使得组织使命保持可持续性
实现手段	产品的整个生命周期通过承担责任减少负面影响；投资于社会和自然资本，将社会和环境影响内化于组织实践	责任型领导；将产品和服务中的利润再投资于能够增加正面社会影响的业务	超越单一性的减少负面影响，而是投资于社会和自然资本产生积极的环境/社会影响
利益相关方构成	把自然当作一个利益相关方，进行环境管理实践；管理组织所有利益相关方并与其共享资源	股东不再被视为比其他利益相关方更重要的利益相关方	自然环境的内在价值和组织实践中的环境管理；发展和保持互利互惠与利益相关方的关系；管理组织中所有利益相关方
利益相关方管理	游说行业和政府支持可持续发展，从而影响供应商、竞争对手、政府机构和社区	与组织所有利益相关方保持紧密合作；环境管理成为利益相关方管理的重要维度	与利益相关方逐步互动，形成更广泛的社会经济体系，实现可持续性
驱动模式	需求驱动的模式以减少消费	聚焦于增长模式的可持续	挑战永久需求与经济增长和消费增长的既有假定

资料来源：根据海伊（Hig）、霍夫曼（Hoffman）以及斯塔布斯（Stubbs）的归纳翻译整理

然而，一个不容忽视的现实是，在共益企业建构可持续性商业模式的过程中，仍然存在使命偏移的风险。朱莉·巴蒂拉纳（Julie Battilana）和马修·李（Matthew Lee）(2014)认为在共益企业的运营过程中，组织的外部威胁可能导致组织的目标偏离航向，并最终向更成熟的形式"漂移"。因而，当共益企业的经济目标实现面临外部环境威胁时，必将影响共益企业的社会价值与环境价值的实现。即使是在相对成熟的混合型组织中，组织使命的漂移仍然可能发生。尤其是共益企业在日常运营过程中，一旦发生经济绩效波动或面临严重的财务困境，很有可能导致使命被重新定位或发生"使命漂移"——外部经济环境威胁影响或威胁到组织的社会与环境目标，使得组织的双重目标或使命流于形式，甚至走向破产。从这个意义上来看，如何规避"使命漂移"成为未来共益企业迈向真正意义上的双重使命驱动型企业、创造可持续的综合价值与共享价值的关键。

2 如何免缴管理税？
自组织的实践

自组织是面向未来的组织形式，是值得追求的目标。如果认可这个目标，理想和现实之间的差距，将变成推动组织变革的动力。从传统的层级制组织到自组织，需要有一个不断进化的过程。自组织最终的实现很可能需要以文化机制为基础，并综合市场和/或结构机制的混合方式。

——张勉 | 文

管理学家加里·哈默尔教授早在2011年就提出了"管理税"（Management tax）的概念。管理税，指管理者的存在带给组织的额外支出，常见的例子包括：不必要的管理层级，以及冗余的管理人员；信息在层级中的上传下达，存在信息损耗；决策集中在上层做出，使得上层过载；上层做出的决策不及时，或者不接地气，无法操作；中间层成为上下级之间的"中介经纪人"，通过操控信息来使自己获益，却损害了组织利益。组织承担了这些原本不必要的支出，就相当于缴纳了管理税。公司人员规模越大，这笔支出通常就越大。

加里·哈默尔教授考察了方兴未艾的自组织企业实践后，提出了一个看似激进的观点：解雇所有的管理者。如果只是简单地看这句话，估计很多人无法赞同。人们会说：是的，我们知道依赖管理者有各种缺陷，但有什么其他选项来实现组织协作呢？精于世故的管理者更会认为，所谓的管理税，并不值得大惊小怪，它只不过是组织协作体系得以运行而必须付出的成本。干掉管理层？异想天开！

自组织，指组织采取正式和系统的分权方式，实现达成目标的内部协作体系。组织协作必须依靠管理者吗？自组织给出的答案是：不。虽然自组织中没有管理者，但协作仍然存在，只不过是通过自我管理（Self-management），甚至自我治理（Self-governance）的方式来实现的。治理和管理的区别在于，治理强调规则和框架，管理强调操作和运行。自我治理通常表现为有权自己制定运行制度和流程，自我管理通常表现为有权自己决定工作的优先权，以及以何种方式完成目标。在自组织中，每个工作角色上的员工既有充分的权力，也有充分的责任，即干得好是你的，干得坏，也没有上级给你兜底。

自组织有共同点，即不依赖管理者实现组织协作，但如何实现自我治理和自我管理，并不只有一种方式。笔者从2015年开始研究自组织，并在当年把相关内容引入清华经管学院的MBA和高管教育课堂。最初，主要介绍国外自组织企业的实践，尤其是自组织各种实现方式中的一种——合弄制（Holocarcy），让学生认识到，自组织并不是群众的自我狂欢，想怎么干就怎么干，而是有章法可循的。笔者认为，虽然在现阶段来看自组织太理想化，但研究这种协作形式很有意义，尤其通过和现实状态的对比，能帮助组织发现如何改进协作体系，少缴管理税。近两年，笔者发现听众不仅学进去了，而且不少人跃跃欲试，希望在自己所在的企业或团队实践。他们迫切地想进一步了解更多自组织的实践经验，尤其是中国企业实施自组织的实践经验。

下文的内容安排：首先，介绍授权和分权的关系；其次，介绍自组织三种常见的实现方式，重点介绍混合方式；再次，介绍两家国内企业推行自组织的实践和经验；最后，讨论如何向自组织迈进。

对传统权力结构的颠覆

自组织采用分权，颠覆了传统层级制组织中的权力结构。授权和分权是两个不同的概念，容易被混淆。放在一起对比，有助于深入理解它们的区别。授权的英文是delegation，指管理者根据下属的成熟度，有选择性地授予权力。越能力强，越是被上级信任的下属，通常从上级那里得到的权力更大，不再需要向上级汇报，自己可以做出一些决策。授权本质上是一种权变的（contingent）领导艺术，授权由上级决定，授权效果的好坏，很大程度上取决于上级的领导水平。有的人被现任上级认可，因此被授权，但一旦上级换了，原来的权力可能立即就没有了。

分权的英文是decentralization，是制度化的权力转移，而不是权变的管理艺术。制度化的权力转移，指组织明确规定某个岗位或流程节点上的人、责任以及对应的权力。分权给人们带来的权力是其他人不能凭借个人判断和好恶来拿走。自组织中没有管理者，大量采用分权，而不是授权。由于权力结构发生颠覆性的改变，因此，传统层级制组织中经常使用的一些词语也有很大的变化：首先，"老板""经理""×总"等使用较少；其次，"员工"一词也很少使用，取而代之的是"同事""伙伴""合伙人""同学"等，以体现地位上的平等。

不同的自组织企业在分权的程度方面不一样。有的企业分权程度非常彻底，例如美国的维尔福（Valve）电子游戏软件公司；有的企业适度地分权，但在战略和绩效管理方面，仍然采取集权方式，如美国的网络电商美捷步（Zappos）公司；有的企业分权程度中等，如世界上规模最大的番茄制品生产商美国晨星（Morningstar）公司。来自哈佛大学商学院的迈克尔·李（Michael Lee）和艾米·埃德蒙森（Amy Edmonson）教授曾经对这三家典型的自组织企业及传统层级制组织的分权程度做了详细的分析,见图1。

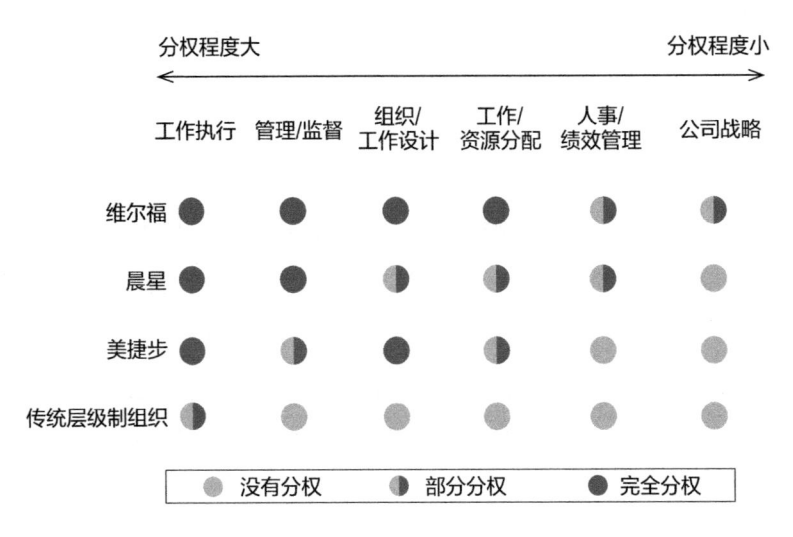

	工作执行	管理/监督	组织/ 工作设计	工作/ 资源分配	人事/ 绩效管理	公司战略
维尔福	●	●	●	●	◐	◐
晨星	●	●	◐	●	●	●
美捷步	●	◐	●	●	◐	●
传统层级制组织	◐	●	●	●	●	●

分权程度大 ← → 分权程度小

● 没有分权　◐ 部分分权　● 完全分权

图1　不同企业的分权程度

自组织的三种实现机制

笔者把自组织实现的机制总结成三种,包括文化、市场和结构的机制。文化的机制,指企业通过软性的企业文化或团队氛围来实现自组织。采用这种机制的典型公司是美国的维尔福电子游戏软件公司,公司没有管理者,给予员工100%的工作自主权,工作内容需要员工自己确定。公司有很多项目组,员工自己决定加入哪些项目组,以及自己创建什么样的项目组。员工的工作表现不是上级来评价,而是同事根据员工的技能水平、输出了多少有效的产出、对团队的贡献、对产品的贡献等来评价。不过，在这样的公司中，工作并不轻松，甚至压力比传统公司还要大。维尔福公司有强大的非正式淘汰机制，崇拜强者，不同情弱者。如果员工找不到愿意接受他们的项目组，或者发起的项目没有人参加，就要卷铺盖走人。由于过于依赖软性的文化，该公司发展比较慢。另外，一些离职员工反思，似乎该公司的文化有政治化的趋势，即出现了不同的利益群体。表面上看，大家都拥护公司的文化章程，但是由于语言可以被解读的空间很大，实际变成了不同的群体使用看似统一的语言，争取对自己有利的资源。当然，一个强势的、公正英明的领袖，往往是公司的创始人，能压制或减缓组织的政治化。维尔福公司的创始人加布·纽维尔能不能一直做到公正英明，目前来看，考验很大。

市场的机制，指企业用价格杠杆来解决协作问题。试图采用这种机制实现自组织的公司，国内有不少，如海尔公司平台+小微、"人单合一"的方式，以及韩都衣舍、永辉超市、海底捞等企业员工小组制的方式等。小组制的核心思路是以小组为单位核算收益成本，小组赚出来的收益，按照小组成员商议的方式分配。小组自主权很大，有权自己决定用多少人以及如何分工。如果小组效益不好，小组成员可以通过选举方式换掉小组长。这种方法重视对成员进行经济刺激，好处是短期内常常就能看到成效，而且似乎适用于不同规模的公司。近几年，为小组制唱赞歌的报道有不少，不需要笔者锦上添花，笔者倒是想表达一下对于"以经济刺激为主要动力"方式的担心。经济刺激像是汽车的油门，一踩就灵，但前提是油箱里必须有足够多的油。怎么能有足够多的油呢？企业的业务方向和经营模式不能出现偏差，产品和服务需要持续产生收益，否则这种大脚轰油门的方式就失灵了，难以持久。而且，笔者观察到国内实施小组制的企业，往往不太需要小组之间的合作。因此，小组制似乎更适合简单的业务模式。如果需要小组之间有大量的合作，以小组为单元核算收益的制度，可能造成小组之间的恶性竞争。另外，组织存在的意义是协作起来办大事，过于市场化导致内部交易成本也会很大。如果单独核算收益，小组很难愿意为了整体牺牲自己的利益。

结构的机制，指用职责清晰、责权明确的方式来替代管理者。以笔者曾经研究过的合弄制为例，其主要通过两个途径完成替代。

第一，清晰的角色职责。合弄制组织中最小的结构单元是角色，职责范围比传统的岗位职责更窄，但职责内容描述的比传统的岗位职责更细。每个人在组织中承担的不是一个岗位，而是多个角色。另外，角色有不断迭代修改的机制，以保证当下的角色描述是清晰的。由于角色职责的描述非常清楚，边界清晰，因此需要管理者协调的情况就会减少。任务来了，落在哪个角色的"地界"里，这个角色上的人就要承担起来，无需他人的指令。

第二，员工们组成协调小组，通过开会解决工作中出现的问题。会议通常解决两类问题。一类问题是与建立和调整规则，以及修改角色或团队职责有关，解决这类问题的会议被称为"治理会议"。特别值得一提的是，会议不需要所有成员达成共识。某位成员提出一项议案后，如果主持人根据有效性规则，认为其他人没有提出有效的反对意见，提出的议案就即刻有效。另一类问题和工作目标的协同有关，包括目标和任务的跟踪、校准、对齐等，解决这类问题的会议被称为"战术会议"。在该类会议上，所有成员需要分享自己的工作进展，响应其他成员对自己提出的要求，并对自己各项工作的优先权按需要做出相应调整。战术会议形式上和层级制组织中常见的工作会议，没有本质区别，无论是KPI或是OKR，都可以按照具体情况使用，只不过更强调清晰、公开、透明。采用这种结构化机制的自组织，规模可以做得比较大。采用过合弄制的自组织中，规模最大的是美国网络电商美捷步公司，员工人数2000—3000。不过，这种强调结构的机制也有缺点，就是有一套规则需要掌握，相对其他方式显得烦琐，学习成本比较高。合弄制在一家公司真正做到良好运行，估计需要较长（可能1—2年，甚至更久）的学习和适应时间。而且，就像大众学习一门乐器，自学合弄制有可能成才，但是很困难，通常情况下，需要专业的咨询顾问帮助。

美国晨星公司的自组织实践

笔者认为最有前景的自组织方式，不能过于单一，即不只依赖一种机制，而是以文化机制为基础，综合市场和/或结构机制的混合方式。这种混合方式之所以最有前景，是因为普遍意义更强，能够适用于不同类型的组织。特别是这种机制能让组织有更大的成长空间,从而有机会做到很大的规模。例如,美国采用混合自组织机制的戈尔公司(W. L. Gore & Associates),年收入曾达37亿美元,人员规模已突破一万人。现以美国晨星公司为例,介绍这家公司混合式自组织的具体做法。

美国晨星公司由克瑞斯·鲁夫于1970年在美国加利福尼亚州创办。由于得天独厚的地理条件,加利福尼亚州是美国最大的生产番茄产品基地。晨星公司的番茄产品产量曾约占整个加利福尼亚州产量的1/4,占全美番茄酱和番茄丁配料市场份额的40%,年产值约3.5亿美元,公司有全职成员约800人,兼职人员3000—4000人。在晨星公司,所有人都称"同事"(Colleagues)。

晨星公司的文化根基来自创始人对两条基本原则的信仰和坚持:一是人们应该尊重对他人做出的承诺;二是人们不应该强迫他人,所有的互动都应该是自愿的。表1是晨星公司从两条基本原则发展出来的自组织文化体系,即同事协作原则。

表1 美国晨星公司的同事协作原则

总则
对晨星同事来说,应该成为自我管理的专业人员,与其他同事、客户、供应商和同行业的参与者一起进行沟通和协调活动,无须其他人指令。让同事运用他们独特的才能找到快乐和激情,并将这些才能融入补充和加强彼此的工作中。同事们要为实现公司共同的使命承担个人责任。
1. 使命
我们的使命是提供番茄产品,以经济高效、对环境负责的方式始终如一地达到客户的期望。我们为食品加工商提供大包装产品,为食品服务和零售商提供带有客户品牌的制成品。

续表

2. 个人目标和团队合作
我们承诺在诚信、能力和个人责任方面致力于追求完美。团结能帮助个人成就更多,因此我们每个人都致力于追求团队合作,并认可每位同事追求幸福的个人目标。
3. 个人责任感和主动性
我们承诺,对我们以及其他同事的行为,以及公司的整体使命承担全部责任。我们自己对培训、时间投入、业绩、参与承担责任,为实现公司使命和履行同事协作原则做出贡献。我们承诺做好自我管理,承担与我们使命有关的计划、组织、人员配备、指挥和控制职能。我们自己主动与其他同事协调职责和活动,为改进和创新创造机会。在与同事协调过程中,我们承诺:①在发起任何形式的改变时,和可能受到影响的其他同事沟通和协商;②在提出一项议案前,寻求我们认为具有相关经验的其他人的意见。
4. 宽容
个人在许多方面都有差异——价值观、品味、心情和实现目标的方法都可能不同,这些差异并不会直接影响我们的使命。我们承诺,尊重并容忍同事间的种种差异。
5. 直接沟通和达成协议
人与人之间的差异,在生活中自然而必要,尤其是在追求卓越方面。差异可能在方方面面存在:如何接听电话,在变速箱中使用哪种机油,购买何种设备来改善操作,是遵循我们的原则还是推进我们的使命,乃至一个人如何打理头发。为了达成协议并向前推进,我们承诺采用以下流程:
(1) 当一位同事觉察自己与另一位同事有分歧时,应该尽快与其私下交流,并尝试解决分歧,以使双方满意。通常,双方不会与其他同事讨论此问题。但是,如果双方不愿意直接讨论分歧,那么应该找一位同事作为协调人,讨论解决该问题的替代方案。双方应该信任他们选择的协调人。
(2) 如果两位同事中的任何一方觉得该问题没有得到圆满解决,则双方应尽快换另一名同事作为协调人,并尝试在这位第三方同事的帮助下,解决分歧以使双方满意。

续表

5. 直接沟通和达成协议

（3）如果两位同事中的任何一位仍然不满意，则他们应该与三到十位同事联系，让他们组成一个协调小组。选择这些同事的原则是：他们的工作会受到分歧的影响，或者在此类问题上具有相关经验。

（4）如果问题的解决未令双方满意，则立即准备问题摘要，核实是否已经遵循了前几步，即（1）（2）（3）的流程，以及决定是否将协调人或协调小组给出的建议或解决方案，经由双方和本地CLOU同事签名后，转发给晨星公司总裁。总裁可以：①做出最终决定，并向双方提供决定的书面摘要；②与双方和协调小组举行会议；或③指定一个人做出决策。

（5）为了解决分歧，应仔细考虑以下内容：①我们的使命和具体目标；②相关事实、假设和价值观；③确定正确方向的方法。除以上内容之外，在得到可能受影响的所有同事同意后，采取其他行动方案。但是，同事可以要求他们重启上述步骤。

（6）当某个行动方案确定后，每位同事都应该遵循该行动方案。假如有新的重大信息可用，并可能改变有关任何特定问题的所选行动方案，则应将这些信息提出来，以供考虑和做出新的决定。在新的行动方案确定之前，每位同事都应该遵循所选的行动方案，充满干劲地争取完成使命。

6. 关心与分享

我们越是关心自己、朋友、亲戚、其他同事、供应商、客户、环境、使命、原则、设施等，越有助于实现我们的个人目标。在关心他人方面，每位同事承诺：①与他人共享相关信息；②主动转发可能对他人活动有用的信息，即使他人没有要求也应如此；③以尊重他人的方式询问他人，也以尊重他人的方式及时回应其他同事的询问。

7. 做正确的事

做正确的事，生活、讲话、做事都追求真实。

资料来源： 美国晨星公司主页，http://www.morningstarco.com/about-us/colleague-principles.html（2020年2月12日访问该网址的结果）

在以上协作原则中，第5条"直接沟通和达成协议"的内容最多，在实际运行中经常被用到，贯穿了招聘、解聘、创新、自主决策、绩效评价、动态预算、培训和学习等方面。例如，在财务预算方面，晨星的同事可以自由支配公司资金，但绝非想怎么花就怎么花；相反，他们必须拿出依据，必要时计算出投资回报率和净现值，资金使用过程公开透明，并为结果负责。同时，他们决策前，需要征询受购买决策影响的同事，以及有相关经验的同事的意见。再以解聘为例，为了描述方便，笔者以第一人称来简述晨星公司解聘流程：假如某位同事擅离职守，其他同事包括"我"多次口头劝诫没有效果。"我"（通常是在公司待了多年，非常认同公司文化的人）会主动发起，或者是在其他同事的建议下，直接和该同事沟通，请其离开公司。该同事可能并不同意，那么就启动第5条程序，直到产生结果。整个过程都是通过协商完成的，除非出现违反纪律条款的情况，否则没有任何人可以不遵循第5条的程序，就强迫谁离开。

在美国晨星公司，每位同事每年需要和所有可能与自己产生工作协作关系的同事签订一个协作协议，英文简称CLOU（Colleague Letter of Understanding）。在这个协议中，同事之间承诺清楚工作应该达到的标准和各自决策的权限。当然，协作协议不可能囊括所有实际运行过程中出现的情况。当出现例外事项或分歧时，双方遵循协作原则的第5条进行解决。这个协作协议很好地反映了结构化机制，非常重要，是晨星公司自组织实践的精髓之一。

表2列出了同事协作协议的模板。需要特别指出的是，签

订这个协议并不意味着，不在这个协议里的职责就可以不管。晨星公司倡导"责任环"（Rings of Responsibilities）的概念，责任就像一圈套一圈的同心圆，每个人在岗位上的职责是核心责任，也是能为公司做出最大贡献的地方。但同时，每个人要为公司所有的事情操心。特别是遇到可能对公司造成损失的事情，任何人都有责任及时通知应该负责的同事，或者在来不及通知以及责任尚不清晰的情况下，临时承担起来，直到由承担该项责任的同事接手。

表2　同事协作协议

姓名：
日期：
有协作关系的同事：

个人使命
1. 我为什么想在这里工作？
2. 对于我承担的角色来说，做到什么样算是优秀？
3. 为了支持本公司的使命，我如何做？

承诺的职责	计划	组织	控制	选择	协调	决策权	目标和指标

资料来源：Doug Kirkpatrick. No-limits enterprise. ForbesBooks.

除了同事协作协议，每个人应该学会对自己的工作进行自我管理。自我管理并没有什么统一的模板，需要采用自我管理的组织根据具体情况来编制模板。不过，根据自组织专家道格·柯克帕特里克的建议，自我管理的工作表是同事协作协议的重要补充，应该包括如下内容：①实现个人使命的工作原则；②目标和关键成果；③如何阶段性地衡量自己的工作效果；④何地何时开展工作；⑤干好工作需要的知识和技能；⑥干好工作需要的资源。其实，格式没有那么重要，把上述内容清晰地写出来，并在日常工作中坚持做，就是在实践自我管理。

自组织在中国的实践

自组织离我们远吗？其实不远，就在身边。据笔者所知，从2015年开始，国内已经有企业积极地探索和实践自组织。例如，百度公司在某事业部尝试了合弄制，虽然这一尝试以失败告终，但却播下了自组织的种子。笔者认识两位百度的前组织发展（OD）经理，他们非常认同自组织的理念，通过创业把自组织的理念和实践向更多的企业推广。另外，从2017年开始，中国进化组织年会已经连续三年在上海举行，每年都有新的实践自组织的国内企业亮相。例如，海尔、游奇网络游戏、乌丫创意服饰、百姓网、青年志、Slashme等公司，都是自组织的积极实践者。以下介绍两个例子。

游奇网络

上海游奇网络有限公司成立于2009年，从2012年起，公司员工数量迅增，伴随而来的却是组织整体行动的迟缓，不能及时应对瞬息万变的外部市场环境。同时，内部小帮派林立、官僚主义横行、创新能力欠缺、员工士气低落、团队协作性低，以及高层远离一线等问题都深深困扰着这家企业。为解决这些问题，游奇网络在2017年引入合弄制，用彻底的分权方式对组织架构进行变革。在咨询顾问的深度参与下，游奇网络完整地采用了美国原版的合弄制，没有做任何修改。从公司的业绩指标来看，合弄制处于正常状态。从内部运营指标和员工感受来看，合弄制在游奇网络站住了脚。例如，组织转型四个月后的一次全员匿名测评结果显示，超过90%的员工对组织转型方向非常认可，并认为这样的方式可以有效激发员工潜力和公司价值，且极少有员工愿意回到传统的层级制组织中。当然，合弄制在游奇网络公司的效果，还需要更长的时间来观察和判断。

笔者曾经从负责该项目的咨询顾问那里了解推广过程中遇到的挑战，印象最深的有两个。第一，学习成本较高。尤其是合弄制的治理会议，如果治理会议主持人（或称"协调员"）经验不足的话，容易影响团队决策的质量。因此，咨询顾问在帮助乌丫创意服饰公司引入自组织的时候，就对美国版合弄制的方案做了修改，给圈长适当保留了一些传统管理者的职能，降低了学习成本。第二，成员的观念和意识需要转化。原版的合弄制过于强调硬性的流程和结构，不强调软性的文化。然而，在游奇网络的转型过程中，最难的恰恰是"软"的问题。当缺少类似晨星公司那样的协作原则时，成员要么不能很好地行使自己的权力，要么会"聪明"地利用规则达成个人目的，或使决策符合自己的偏好。

百姓网

百姓网（Baixing.com）成立于2005年，是国内领先的分类信息生态服务商，致力于打造以分类信息业务为平台、多条垂直业务线的生态圈，为用户提供涵盖生活服务、招聘求职、房屋租售、二手车买卖、二手交易、教育培训、同城交友等本地生活解决方案。根据百姓网主页的信息，截至2016年9月，百姓网月活跃用户数过亿，月新增信息量超过千万条，覆盖全国367个城市。2015年，行业排名前两位的公司58同城和赶集网的合并，带给百姓网巨大的压力，面对强劲的竞争对手，百姓网何去何从？尤其是随着公司的发展，既没有了以往的小而美，但又没有大而强，百姓网一度出现混乱局面。

在这样的背景下，百姓网启动自组织实践，并取得显著成效，突出表现为公司内部涌现出越来越多有担当的团队，传统业务逐渐突破，新业务孕育而生。百姓网的自组织实践有三个突出的特点。第一，采用了"混合制"的方式。百姓网结合自己的实际情况，组织架构并没有完全采用合弄制，而是采用了"传统层级制组织+自组织"的方式。和个人发展、预算和审批有关的职能，仍然由传统的层级制组织来实现，与日常协作、事业部和项目有关的职能，由合弄制的圈子架构来实现。第二，在日常协作中，借鉴和吸收合弄制的精华做法。例如，通过讨论和分享，明确彼此对相互承担角色的行为期待；鼓励彼此主动提要求，通过提要求，积极行动起来；创造自我管理的工具卡，简明易用，可操作性强。第三，重视支撑自组织架构的文化建设。提出了公司的五大核心价值观：以客户利益和公司利益为先、中正坦诚、勇于承担、敢提要求和解决问题，而且从提倡什么和反对什么两个方面，细化为更具有操作性的行动原则，并在日常工作中坚持执行。例如，就"勇于承担"这一价值观，公司提倡：在责任人不明确的真空地带，有人愿意主动跳出来承担额外的责任，推动问题解决；敢于设置有挑战性的目标，走出舒适区；愿意公开承认错误，反思总结，找到改进方法。公司反对：当问题出现时，第一时间考虑和自己划清界限；犯错误后拒绝承认错误，推脱责任；面对有挑战性的工作，推脱、抱怨、畏难。

百姓网创造了一些新的自组织推行经验，笔者重点介绍以下三个方面。第一，不追求彻底实施自组织，而是从自组织的做法中，吸收能解决自身实际问题的部分。用百姓网CEO罗颖的话说，从传统组织一下子变成自组织，是组织革命，而百姓网不需要革命，需要的是进化。百姓网的自组织是"混合制"，不仅组织架构上混合，其他优秀组织中好的方法，如阿里公司的"修事、修人、修机制"，也一样在工作中使用。第二，逐步提高人的思想和观念。自组织强调使命驱动，鼓励个人建立自己的使命，和组织使命"同频共振"。实际上，即使道理讲了很多，个人使命对于很多员工来说，仍然是比较陌生的。百姓网的做法是，让员工先写出自己最擅长干什么，以及最有动力干什么，并和同事分享。在此基础上，引导员工发掘自己的天赋和激情与公司使命之间的关系。第三，建立自我治理的机制，并固化下来。相对于自我管理，自我治理涉及建立或改变规则和角色职责，影响面广，因此难度更大，容易变成一次性的行为。百姓网把自我治理的功能和季度的OKR会议结合在一起，保证至少每个季度做一次角色梳理，让自我治理的进化机制真正运行起来。

向自组织迈进

当今的乌卡（VUCA）时代，是个计划赶不上变化的时代，预测常常失效，控制也失去了意义，导致传统的层级制组织遇到巨大的挑战。近些年，虽然中国的GDP还保持了6%~7%的增长，但根据不同咨询公司开展的中国企业员工敬业度调查，员工敬业度（Engagement）指标表现不理想，尤其是愿意为工作付出努力的指标不升反降，甚至一些调查结果表明中国企业员工敬业度的排名在世界范围内靠后。不仅中国员工如此，美国员工的敬业度也不高，根据盖洛普公司2017年的调查，67%的美国员工处于不敬业的状态。德勤公司的咨询顾问（已退休）Josh Bersin使用美国连续多年非农业劳动力生产力（Labor productivity）的数据，发现从2011年开始，劳动力生产力指标增长缓慢。很多迹象反映出，现有的组织协作体系已经落后技术的发展，造成技术进步没有发挥出应有的威力。

我们正面临一次人和人之间协作关系的大变局。劳动者希望生活得更美好，希望自己的能力得到充分的发挥。目前的组织协作体系做到了吗？没有，甚至在某些情况下还很糟糕。我们需要思考哪些因素限制了劳动者的发挥，并行动起来，消除这些限制因素，使劳动者拥有改善工作条件、发挥能力的自由空间，从而解放和发展生产力。

如何改革现有的协作关系？笔者认为需要抓住三个发展趋势：第一，建立使命驱动的企业文化，用信任取代强制，用分享取代封闭；第二，建立人与人之间新型的协作关系，以合作取代雇佣，以共赢取代自利；第三，改革传统层级制组织中的权力结构，以分权取代集权，以自主取代控制。自组织符合这三个发展趋势，非常值得关注。但是，请牢记，实现自组织的道路，并不只有一条。本文介绍的一些自组织的实践经验，可能对读者有所启发，但更为重要的意义在于，为超越这些经验提供基础。

自组织是面向未来的组织形式，是值得追求的目标。如果我们认可这个目标，理想和现实之间的差距，将变成推动组织变革的动力。从传统的层级制组织到自组织，需要有一个不断进化的过程，具体实施起来，需要分步走。在笔者的设想中，这个过程大概分成三个阶段。第一阶段，保持传统的权力结构基本不变，通过明确权责关系，提高授权程度，消除不必要的管理层级，减少管理税。第二阶段，改变传统的权力结构，通过赋能（Empower）组织成员，提高分权程度，打造敏捷、灵活、适应力强的组织，进一步减少管理税。在很多关于赋能的文章和报道中，赋能仅仅解释为"使对方有能力"。笔者想强调，赋能不仅是让协作者有能力，更重要的是，让有能力的协作者有权力。第三阶段，颠覆传统的权力结构，通过彻底的分权，以文化机制为基础，综合市场和结构机制的混合机制，实现自组织，免缴管理税。

未来已来，你所在的组织还在缴纳管理税吗？

为什么不选择更好的方式，让我们能创造这样的组织：

在那里，每个人对于影响自己的事务都有发言权。

在那里，人们可以既自由又自律地发展，做工作的主人，在每一个地点、每一个时点都有机会迸发领导力和创造力。

在那里，组织敏捷、灵活，富有适应力。

在那里，人们用简洁的原则应对复杂的现实。

让我们在那里相会！

3 组织韧性的机制与过程

组织韧性的构建和功用，最终体现在积极开放的心态，对外部情势与内部动态进行的审慎精准的监控与预判，对理性和常识的尊崇，基于智慧和专长的即兴发挥，不同应对措施的创造性组合，既发挥自己特长而又兼收并蓄、善于合作，以及组织常态的迅捷恢复与组织能力的整体提升。

——马浩 | 文

面对灾难、危机、动荡、熔断等高度不确定和不可控的生存逆境，有些企业反应僵硬，动作变形，要么轰然坍塌，要么元气殆尽；有些企业则张弛有度，应对从容，基本完好无损，甚或实力劲增。大部分企业则是随波逐流，摇摆不定，在惊恐中试错，在从众中折腾。到底什么因素影响和决定不同企业命途之异同？可能是企业的实力和应对，可能是逆境的情势和类型。企业的应对之道与情境有幸匹配，则企业可能逢凶化吉，绝地重生。若企业完全无法适应情境，便只能感慨时运不济、造化无情。

从概率上看，运气之外，至少有一种特定的组织意识和能力可以帮助企业应对逆境。这种意识和能力通常被称为"组织韧性"（Organizational Resilience）：基于组织自身的运营实力和日常准备，通过灵活敏捷和强劲果敢的应对过程，去规避、抵制、化解和吸收逆境事件带来的冲击，并且在逆境事件发生后迅速有效地恢复组织常态，甚或提升自身对未来类似事件的应对能力。组织韧性，是一种主动自发而警觉审慎的生存意识，也是一种对外部环境积极应对和调整的组织能力和运作过程，通常体现在逆境事件之后的快速复原和继续前行的结果和状态之中。为了避免重复定义和循环论证之嫌，本文的界定和考察将聚焦于组织韧性的运作机制和动态过程，并阐释其相关的战略含义和管理启发。

需要强调的是，组织韧性是一种组织常态，贯穿于一个组织的日常运营之中。对一般组织而言，只有在各类突发逆境事件之中，组织韧性的功用才会凸显，能够帮助组织比对手更好地渡过难关。而有些组织，需要长期生存于逆境之中，比如医院急诊室、救火团队、防暴警察等。对这些组织而言，逆境生存乃是常态，组织韧性自然是其日常生存和正常运作之必须。这就意味着此类组织遇到的危机事件更加严重，通常关乎生死，遇到危机事件的频率高，组织恢复常态需要的周期更短，面对的挑战更加严峻，对组织成员的职业技能、心理素质和专业协作有着更加严苛的要求。

如果进一步拓展，本文对组织韧性的定义既包括常规组织遭遇重大突发性逆境事件之后迅速恢复常态的能力，也包括长期在逆境中生存时能够相对从容有效地应对逆境和调整的能力。因此，本文的分析框架强调组织韧性的常态及其在日常运营中的连续性和反复迭代的特性。当然，为分析方便简明，笔者选用单个特定逆境事件为分析单元来阐述组织韧性的作用过程。对于一个具体的突发性逆境事件的应对，可以从事前、事中和事后三个阶段分别考察。

显然，一个组织的运营既有实际的行动系统本身，也有在行动过程中体现的认知与思考和学习与提高。前者专注于应对和解决实际问题，后者在于审视解决问题方法之优劣以及改进空间和可能性。本文构建一个双环框架，同时在行动与应对链条和认知与学习链条两个方面来勾勒组织韧性的前序成因、要素构成、运作机制与效果功用，强调的是行动（ACT）的质量以及与行动相关的有效学习与改进（见表1）。

表1　组织韧性分析框架（ACT）：行动应对与认知学习

行动与应对链条		
保持实力和构建预警	外部防御与内部着力	恢复常态与能力提升
监控环境、预期预判 Anticipating	规避与隔离 Avoiding & Isolating	轻伤或无损 All Right
储存实力、构建防火墙 Cushioning	抵制与反击 Contending & Countering	恢复和重构 Coming Back & Renewal
启动预警方案、提前应对 Triggering	化解与吸收 Tearing & Absorbing	增强与提高 Toning-up
逆境之前的意识与准备	逆境中的应对机制与过程	逆境过后的结果与状态
积极开放的思路和心态 Active & Open Mind	感知前所未闻未见的挑战 Awareness of New Cues	吸收和固化新获经验 Assimilation of Lessons
审慎的趋势监控与捕捉 Caution	尊崇常识 Conforming to Common Sense	确认核心可靠的组织实力 Confirming Competence
及时准确的判断 Timely & Accurate Call	即兴发挥与临机组合 Throwing Together	传播和传授组织韧性意识 Training for Future
积极意识与开放心态	事中学习与即兴创新	记忆重构与流程再造
认知与学习链条		

逆境来临之前的意识与准备

未雨绸缪，防患未然。具体的危机和灾难，抑或机会与利好，我们通常无法准确预知。但提前谋划和准备，至少会在某种程度上使我们在预判和应对实际事件的过程中多了一些机敏与从容。一个企业的组织韧性，从逆境来临之前的常态看，首先来自企业自身的警觉和应对能力的积攒与夯实。从企业的行动与应对的链条看，企业的组织韧性体现在三种具体能力上。

第一，对突发性逆境事件的监控、捕捉以及相对强于竞争对手的预判能力。对环境的常规性和系统性的监控与检测，可以帮助企业及时发现系统性和独特性的机会与威胁。任何与常态或常识不同的趋势或变化，可能昭示的是千载难逢的机遇或可怕的灾难，也可能是不痛不痒的一时环境噪声。如何正确理解和把握这些外在变化，并预判其未来的走势，是企业组织韧性的前端必须。预警预判比较精准的企业在逆境到来之前就已经开始逐步应对逆境。逆境到来之后，反倒不需要大张旗鼓。

第二，增强实力，构建防火墙。应对危机的最为基本的也是最为可靠的物质基础就是皮糙肉厚，实力超强。俗话说，瘦死的骆驼比马大。不死的骆驼自然比马更有耐久力，能够更好地抵御和抗衡生存逆境。微软、苹果和谷歌等企业账上趴着的上千亿美元现金，既是效率上的某种浪费，也是组织韧性的必然代价。微软若干年前就声称，他们离破产总有18个月。也就是说，如果他们战略决策完全错误，账上的现金至少能够保证他们存活18个月。这段时间内，他们有足够的时间调整和改进，从而保证生存与提升。这与动辄高杠杆孤注一掷、铤而走险的企业形成鲜明对比。

企业不仅应该在呼风唤雨的高光时刻踌躇满志，也应该在长期发展中顺利应对注定遇到的沟壑坎坷，重新振作。除了现金，企业还要有足够的其他类型的资源储备，以应不时之需，尤其是人才发展和组织能力等内部实力，以及良好的信誉、与外部利益相关者的合作与共生关系。

第三，组织韧性强大的企业通常具有对逆境的敏感性，它们可以迅速地感知和捕捉外在的威胁，提前启动预警和应对方案，从而减少损失和伤害，保存自身的实力和核心业务，使之不会受到过度影响或者毁灭性的打击。确切地说，从预警方案的角度看，组织韧性的提升往往来自日常的模拟性训练。就像火灾或者地震演习一样，对于发生的可能性和危害性较大的逆境事件，一个组织要有选择地进行模拟性应对。这样才能提高实战中的应急能力。

有了敏锐的感知能力和实际可操作的预案，一旦逆境苗头出现，企业就可及早启动预案，及时应对。比如，投资者在金融危机到来之前就已经调整资产组合，从激进的倾向转向稳健的态势。再比如，敏感地意识到全球对可持续发展的日益重视之趋势，在政府严厉的"环保减排政策"出台之前，企业已然积极主动地提前达到新标、合乎规范，这便是主动应对的典范。

当然，企业必须具有清醒的意识和较强的学习能力。企业既不能故步自封，沉溺于现有的范式与辉煌，也不能没有自己的定位与坚守，一天到晚忙碌于到处跟风模仿抑或潜心于随手捞浮财。也就是说，与事前的行动准备息息相关的是学习链条的构建和应用。

首先，企业要具有开放的意识和积极的心态，在思想意识和认知层面上重视逆境到来之前的自身准备。既不盲目自信地认为自己能够轻松化解任何威胁，百病不侵，也不能完全听任外在事态的发展，企盼船到桥头自然直，要切实有效地在力所能及的基本功和应对实力方面提前下笨功夫。其次，是对于环境监控和内部扫描在意识里和态度上的重视和审慎。有了这样的思想准备，才可能脚踏实地地去构建和使用预警系统。最后，积极的心态和审慎的态度最终要体现在对于逆境事件在认知层面上的把握，能够及时准确地判断（至少是优于竞争对手的判断）和果敢决策，从而主动有序地启动应对预案。

逆境之中的应对机制与过程

对于逆境到来之后的应对，企业的决策者既要基于自己的实力和预警方案按部就班地实施尝试，也要应用自己的决策智慧和专业能力临机处置和即兴发挥。具体的应对措施和方法至少有三种基本思路：规避与隔离，抵制与反击，化解与吸收。

第一，规避与隔离，是避免与逆境直接接触的战略性选择，旨在与逆境事件本身绝缘。此类应对措施既取决于企业事前的战略定位，也取决于它在逆境中可以瞬时调整的可能性和灵活性。比如，一家企业不仅要力争了解各种逆境事件可能发生的概率，也要在各项业务中熟悉自己生态系统内不同选手的定位和偏好，以及其他生态系统内（如国外或者临近行业）可能随时进入自己生态系统的选手的期望与诉求。这样，企业可以及时剥离与即将受到冲击的业务相关的资产，转入相对安全的业务或者地理区域，或者有选择地迅速与某些选手形成战略联盟（如获取特定资质或者豁免权），从而避开某种特定的威胁（如政策性惩罚或者灭顶之灾）。

第二，抵制与反击，是依靠自身实力和运作技巧抗拒和抵御来自外部的威胁和打击。这也是相对主动的一种应对措施，希望拒敌于门外，从而保证自己的核心活动不受逆境的影响。比如，一家企业可以动用各方资源与关系，去影响和改变那些给自己或者全行业带来逆境的政府政策，也可以通过合作者和第三方去逆转对自身不利的传言和媒体报道，还可以通过诉讼和媒体宣传自证清白。显然，这些措施的奏效，很大程度上取决于企业的事前准备及其在商界以及社区等关系网络中的地位、名声和资源。

第三，化解与吸收，尽量弱化逆境事件带来的威胁和伤害，将其分化瓦解，并且在不得已的情况下尽量消化吸收，争取把危害降到最低。这主要是相对被动而又无奈的应对措施。比如，一项特定政策的出台，或者是以某种名头"鼓励"大家捐款，或者是对某种介于违规边界的行为进行重罚。此时，企业需要在自己能力允许的范围内进行选拔和调配，考虑到底暂时牺牲哪个部门或群体，从而确保整体的生存和未来的复苏。

与上述行动与应对链条相对应的认知与学习链条中，此时的挑战在于思绪开放和拿捏有度。首先，最重要的学习挑战，是发现新的元素和环节。最主要的是新的逆境类型和威胁方式，以及新的应对思路和措施组合，而不仅是检验原先的经验和秘诀。其次，是要保持一定的思考定力和客观冷静。越是逆境时刻，越要尊崇常识，不能用恐惧绑架或替代理性。要客观地把握事情的本质，不仅是拘泥于自己从情感上期冀的某种假设与臆想。最后，基于常识和经验，兼及新鲜的刺激，决策者要善于即兴发挥，创造性地解决问题。这需要个人智慧、职业素养、专业判断，也有赖于组织成员间的互相信任与真诚沟通。

而且，事前的组织设计原则和文化氛围会对组织的学习能力和行为应对产生深远影响。清晰的规则如强大的集权命令体系，在自由竞争中强者胜出，或者专家意见主导等都可能有助于反应的效率，虽然它们的适应情境有所不同。模糊的规则通常导致反应僵硬机械、松散无序，抑或犹豫不决，摇摆不定。还有，在应对外部逆境的同时，能够较好地避免和化解自身内部的潜在危机，也是组织韧性的一个重要体现。

逆境过后的结果与状态

逆境过后，水落石出。有些企业丝毫无损，如虎添翼；有些企业站起身来，奋然前行；有些企业谢天谢地，心有余悸；有些企业苟延残喘，战战兢兢。不同的状态，源自不同的自身实力和应对措施。

第一，轻伤或者基本上无伤无损，也许是应对逆境的最佳结果状态。如果在事中能够有效规避与隔离，抑或抵制与反击，企业大抵可以实现这种理想状态。这种状态的实现最终靠的是足够的实力。而行动应对的关键主要在于不犯低级错误，不至于无端地打烂一手好牌。

第二，恢复和重构，是组织韧性的最为直观和最为核心的表现。经过相对被动的化解和吸收，企业在某种程度上受伤受损，需要尽快地恢复逆境到来之前的运作水准和反应能力。应对比较成功的企业通常迅速恢复实力或者重新构建自己的能力。相反，应对失败的结果很可能是偃旗息鼓，扫地出局。

第三，增强与提高。亡羊补牢，未为迟也。无论是通过自己的经验与学习，还是通过对优秀企业的观摩与仿效，一家企业可以通过应对逆境来补齐自己的短板，完善自己的反应措施，从而提升应对未来逆境事件的总体能力。也许，最为可贵的不是增强同一种现有能力，而是在新的领域内得以提升。

从组织认知和组织学习的链条来看，既要反馈，也要前瞻；既要固化，也要更新；既要总结，也要推广。首先，要善于捕捉新的经验和被证明较为有效的新鲜应对方法，而不仅是拘泥于自己熟悉和擅长的领域，从而避免"核心刚性"和"应激僵硬"带来的弊端。比如，网络时代的危机化解可能与传统时代的危机公关迥然不同。其次，还要继续珍视和强化自身优势，认清哪些核心能力是组织韧性的可靠基础和主打项目，并对其进行保护和增强。最后，一家企业要把应对逆境看成一项长期工作，不能仅看作毕其功于一役的阶段性应对。虽然，就事论事地专注于当下的应对是必要的，但采取前瞻性的视角和跨时段的思考会使企业更加有效地应对将来可能发生的逆境事件。在组织中构建忧患意识，貌似悲观被动，实际上是积极主动，是增强组织韧性在认知与学习方面的必修课。

小结

我们通常希望逆境很快过去并且永远不再发生。世间乱象，通常不随人愿。俗话说，不经风雨，怎见彩虹？问题是，彩虹过后，仍然会有风雨。人生莫测，世事难料。突发性逆境事件总是会发生。任何组织都必须面对逆境的威胁和侵扰，无论是难以料定的突发性事件，还是极端恶劣多变的日常生存环境，提升自己的实力无疑是最为保险和可靠的应对基础，是组织韧性的核心要素。组织韧性的构建和功用，最终体现在积极开放的心态，对外部情势与内部动态进行的审慎精准的监控与预判，对理性和常识的尊崇，基于智慧和专长的即兴发挥，不同应对措施的创造性组合，既发挥自己特长而又兼收并蓄、善于合作，以及组织常态的迅速恢复与组织能力的整体提升。

4 数字时代的"高韧性"组织：人单合一

中国企业正在面对短期和长期变量的双重冲击，除了新冠疫情带来的短期冲击之外，数字化已是一个不可回避的长期冲击变量。面对长短期冲击的交互作用，挑战企业"组织韧性"的现实场景是什么？做出行动反应的底层逻辑是什么？从何处切入？又如何推进？

——王钦 ｜ 文

面对新冠疫情的冲击，"活下来"成为大家热议并积极行动的主题。笔者不由想起法国启蒙思想家伏尔泰的一句话："不确定性总是让人感到不适，但确定性压根就是一件荒唐的事情。"无论是组织，还是个人，通常都能够认知到这一点，但能够对不确定性做出应对行动却是很不容易的。因为，我们不经意间就会停留在舒适区，用过往的行为习惯应对变化的环境，当冲击来临时丧失主动选择和行动的权利，更何况一些冲击是远超我们预期的。

中国企业正在面对短期和长期变量的双重冲击，除了新冠疫情带来的短期冲击之外，数字化已是一个不可回避的长期冲击变量。短期冲击往往来势汹汹，大家都看得见，感受更加直接。长期冲击往往更具有"温水煮青蛙"的特点，有感知但无行动，最终结果往往是致命的。长期冲击和短期冲击更加紧密地交织在一起，我们可以做出一个判断：新冠疫情短期冲击进一步加速企业数字化转型这一长期冲击进程，未来的冲击周期会更短，冲击强度会更高，冲击范围会更广。

面对长短期冲击的交互作用，挑战企业"组织韧性"的现实场景是什么？做出行动反应的底层逻辑是什么？从何处切入？又如何推进？这几个问题是笔者接下来要探讨的。

四重瓶颈：挑战"组织韧性"的现实场景

瓶颈一：用户距离

在新冠疫情的冲击下，很多企业快速做出应变，在线教育、在线诊疗、智慧社区店、短视频电商、智慧称重等一系列数字化的新业态、新商业模式和新产品层出不穷。比如，很多幼儿在线教育产品，发挥了家长作为线下教师的职责，让家长参与教育活动；在智慧社区店中，购物过程完全由用户自主完成；在短视频电商中，用户不仅是产品的使用者还是产品的销售者，企业品牌与个人品牌交织在一起。这些变化背后的一个突出特点就是数字化正在重塑我们的商业空间。

具体而言，企业和用户之间的空间距离在消失，用户参与原本在企业边界之内的活动，并共同创造价值，而非仅仅是企业创造价值的接受者。但现实中，很多企业并没有改变原有的"企业边界"思维，在变化到来时，依然将用户屏蔽在可以开发的"资源"范围外，没有在企业和用户之间建立有效的"连接"。

瓶颈二：内部层级距离

在传统企业组织中，信息从用户端导入企业，自下而上一级一级传递，最终由高层做出决策，再将指令一级一级传递到前端执行。面对外部环境的快速变化，姑且不说信息在传递过程中可能扭曲或遗漏，从决策速度上讲，企业就很难适应不确定性的变化。通常行动时，环境已经发生了变化，也就是我们看到的组织韧性缺乏的现实场景之一。面对长短期冲击，企业需要更加快速、精准地做出决策和配置资源，但这一瓶颈大大限制了前方对炮火的呼唤。

瓶颈三：部门距离的瓶颈

"部门墙"是企业管理多年没有解决的一个问题。为什么没有解决？客观地讲，是因为"部门墙"是一种"慢性病"，并没有影响到企业的生命。但是，在长短期冲击交互作用的情境下，这一"慢性病"已经成为"急症"和"重症"。多年来，我们已经习惯了各部门各管一段这种"段到段"的工作方式，没有在工作中形成"端到端"的"同步并行"方式。而"同步并行"恰恰是企业所需要的，是组织韧性的一个重要体现。

在这里，笔者举一个抗击新冠疫情的例子。海尔生物，这家在科创板上市的公司从2020年1月18日进入武汉金银潭医院，到4月12日千里驰援绥芬河，凭借超低温冰箱、生物安全柜、试剂冷藏箱等产品，不仅拿下了本次抗疫的绝大部分订单，而且实现了准时交付。在广州市呼吸疾病研究所，在陈薇院士建立的"高防护级别移动帐篷实验室"，在武汉火神山医院、雷神山医院、中部战区总医院，在全国各地疾控系统的实验室中，都有海尔生物提供的产品和解决方案。

为什么海尔生物能够拿到订单，并准时交付？这与企业组织的"高韧性"分不开。韧性的概念源于物理学，在物理世界中表现为对外部冲击能量的吸收能力。用于企业管理，就是企业组织有效吸收外部冲击，并快速采取有效行动。那海尔生物是如何采取具体行动的呢？

首先需要消除与用户之间的距离。海尔生物没有停留在提供现有产品给用户这个层面上，而是进入核心区，融入用户在此次抗疫中的核心工作场景。想用户之未想，急用户之所急，根据用户场景需求提供产品和方案。在抗击新冠疫情的过程中，最难的就是准时交付。因为，这不仅需要快速决策，更需要研发、制造的协同，需要供应链和物流的外部协同，在人流、物流都受到限制的情况下，怎么办？海尔生物在这次抗疫过程中，运用的是

"端到端"工作流程,不仅同步并联了市场、研发、制造,快速识别需求,拿出方案,并进行产品实现,还同步了供应链、物流和其他生态资源,做到内部层级之间的零距离、部门之间的零距离、同供应链的零距离。最终,实现准时交付。

瓶颈四:供应链距离

实际上,我们谈到的组织韧性,不仅仅局限于企业组织内部自己的事情,还涉及外部的供应链环节,以及其他利益相关者。用时髦的词来讲,就是从产业生态系统的角度来思考。很多企业受制于供应链,复工后不能复产,因为复产不是一家企业的事情,而是整个供应链的协同。从海尔生物的例子中就可以看出,供应链协同不是被动的等待,而是主动的同步并联,这样才能保证准时交付。但现实场景是,供应链通常处于被动响应状态,是串联流程的一个环节,无法做到主动并联。

管理学大师德鲁克先生曾说过:互联网对企业最大的影响就是消除了距离。从现实场景看,只有主动消除上述的四重距离,才能使组织韧性得到提升。但是这四重距离的消除,归根结底还需要在企业管理的底层逻辑上深入反思,这将是数字时代绕不过去的一场管理认知革命。

底层逻辑:人是目的

不变的追求:人

有句话讲:"活得猖,不如活得长。"如果说提升组织韧性是为了活下来,那么活得长又是为了什么?我们说,企业组织根本的追求就是"人",就是始终以"人"为中心,这应该成为思考问题的逻辑起点。纵观管理学百年发展史,每当外部环境产生重大冲击的时候,人们就会将注意力更多地转移到"人"的身上,无论是大萧条时期的"霍桑实验",还是第二次世界大战后"人性三剑客"的出现。为什么会出现这样的现象?一个重要原因就是要重新认识人的本质,认识人的角色,激发人的潜力。

在数字化浪潮到来得更加澎湃的时候,我们需要再一次将注意力集中到"人"的身上。此情景下的"人"更是具有了双重角色,既是作为生产者的员工,也是作为消费者的用户,而且在很多场景下都是处在"产消合一"的状态。这就需要我们在组织管理过程中聚焦用户价值(单),聚焦员工价值(人),并将二者有机统一。简而言之,就是"人单合一"。

活下来的原则:简单、高效

作为用户的"人"需要的是简单、高效的价值创造、传递和实现,需要的是直击痛点的产品和服务的提供。在用户的认知中,任何复杂的表达都已成为"无价值"的代名词。作为员工的"人"需要的是在为用户创造价值的同时以简单、高效的原则获得自身的价值分享。面对不确定性的冲击,任何纷繁复杂的管理原则和手段,只会带来信息识别和传递的困难,进而表现为效率和效果上的损失。无疑,聚焦于"人",以简单、高效为"不变"原则才是应对持续快速变化的最有效原则。亚马逊创始人贝索斯(Jeff Bezos)回顾公司成长时,曾感慨"应对外界变化最有效的法则就是不变"。事实上，人类需要以简单来应对复杂，而不是陷入复杂的旋涡。

活得长的基石：以"人"为中心的机制

面对外部环境的快速变化，一时间"长期主义"成为一个热词，似乎坚守长期主义，就能够活得长。但什么是真正的长期主义呢？一位企业家告诉我，"我们不是长期专注做好某一个产品，而是长期专注做好产品，这就是长期主义"。这一看法是真实的，但对其他企业而言，又是不解渴的。因为，只有找到长期专注"做好"的机制，才是真正理解长期主义的关键所在，这才是"活得长"的基石所在。

首先，就是连接用户的决策机制。很多时候，活得长的背后未必是总能够做对决策，而是能够保持持续做出决策的能力。要做到能够持续做出决策，关键是能够获得来自用户持续评价的信息输入。因为，用户需求是动态变化的，只有同用户有效连接，才能建立决策的闭环反馈，并基于此形成持续的决策机制。

其次，就是建立基于用户价值分享的激励机制。道理大家都清楚，长期专注"做好"仅仅依靠企业家是不够的，是需要全员共同努力的。在抗击新冠疫情的过程中，听到最多的一个词就是"企业共同体"。事实上，这不是一件喊喊口号、讲讲情怀的事情，而是长期实实在在的行动。行动背后的关键是员工能够清晰地感知到自身所创造的用户价值，并分享到自身的价值。

切入点:"大战略"VS"小场景"

"大战略"的核心要义

"高瞻远瞩"和"好高骛远"总是同"大战略"这一概念相伴而生。在数字时代,外部环境加速变化。通俗地讲,在20世纪70年代,信息技术兴起的时候,还是"20年河东,20年河西"的竞争格局;在20世纪90年代中期,就成为"10年河东,10年河西"了;而如今,已经是"3年河东,3年河西"了。因此,要想做出3—5年"高瞻远瞩"的预见也是十分困难的。如果仅仅专注"高瞻远瞩",那么得到的必定是"好高骛远"的结局。学者约翰·刘易斯·加迪斯(John Lewis Gaddis)在其著作《论大战略》中指出,大战略的关键是目标和能力达成一致,大战略能够根据环境进行快速调整。实际上,他指出了大战略的核心要义不只是预见性目标的提出,更为关键的是根据环境变化的快速调整,在调整中具备能力。那么又当如何做出"快速调整"呢?

真真切切"小场景"的生命力

进行"快速调整"的基础是能够从真实的"小场景"开始。从"小场景"出发,我们才能够及时发现企业组织资源和能力短板,并进行快速调整和在场景中的验证,这样的持续迭代,就是"小场景"生生不息的生命力。"小场景"中浓缩了人、产品、服务、时间、空间等维度的内容,是用户价值真实的实验室,只有抓住"小场景",我们在提升组织韧性时,才能够找到"正确的事",才能快速地改进,才能持续地做好正确的事。

比如，在抗击新冠疫情的过程中，海尔生物就是从"小场景"切入，迅速创新迭代了物联网生物安全场景方案，包括样本采集与转运、处理与检测、样本保存与应用、实验室检测与培养、消毒与灭菌和疫苗接种安全等生物安全全流程，实现人员、样本和环境的生物安全。

"小场景"的持续战略转化

小米可以说是智能家居行业的一匹黑马，"小场景"让用户家里不经意间就多了几件小米的产品。比如，进被窝前忘记关闭书桌上的台灯，尤其在南方，冬天没有暖气，大冬天爬出被窝去关灯非常痛苦。这是一个真真切切的场景，小米的解决方案很简单，"智能插座+手机"一键解决。这样的"小场景"还有水气报警、防盗、田螺姑娘打扫卫生等。就企业而言，这些"小场景"的背后是在产品规划、云平台支撑等组织能力方面的持续快速调整和积累。同时，伴随着这些"小场景"的不断叠加和迭代，最终实现数字时代的智能家居物联网战略，也就是加迪斯所讲的，在目标和能力上达成一致。

再架构："弹性体"VS"无机料"

组织中的两种要素

从材料学的角度，一个材料往往既需要有"韧性"，又需要有"刚性"。比如，在工程塑料中，我们可以通过添加"弹性体"来提高韧性，通过增加"无机料"来提高刚性，最终通过"韧性"和"刚性"的完美结合，以适应不同的应用环境。反观企业组织，也应该是"韧性"和"刚性"的有机结合。我们前面提到的四个组织瓶颈，往往都是出现在传统的科层组织之中。科层组织以其精准、高效、纪律性的特点，能够很好地适应蒸汽时代和电力时代的经济环境要求，充分发挥其大规模生产的优势为用户创造价值。但是，面对数字时代的到来，它就更多表现为"刚性"有余，而"韧性"不足了。因此，我们企业组织需要再架构来提高"韧性"。

"小微"+"平台"的再架构

在这里我们强调再架构。实际上，再架构并不是完全摧毁原有的组织结构，而是要对原有组织结构进行改造。首先，对已有的"刚性"部分进行改造，增加其共享属性，保留其能够发挥规模经济优势的特点，这一部分以平台的方式来呈现。

其次，设立具有"弹性体"特点的"小微"。这些"小微"直接同用户连接和交互，在"小微"中有市场、研发和制造人员，他们可以独立在前端作战，并对后方资源进行配置，是快速满足用户需求的直接责任者。此时，平台的功能就是对"小微"前端作战的资源支撑，"小微"倒逼平台资源和能力的提升。如果平台不能够提供相应资源，那么"小微"就可以从外部引入。这时，平台如果想要存在，就必须不断丰富资源，提升能力，以增强自身的互补性。实际上，组织的"高韧性"就是在这样一个"倒逼"和"改善"的过程中得到提高的。但前提需要组织的再架构。

5 虑深通敏 与时偕行
——三台组织架构如何应对危机

如何敏捷地处理分立知识的挑战，是每个组织生生不息的核心，《易经》说"刚柔者，立本者也，变通者，趣时者也"，三台的组织架构，本质上是刚柔相济的，也是最能应时而变的。在"黑天鹅"事件发生时，三台组织将以最敏捷的身段应对危机。

——李平 孙黎 邹波 薄清文 | 文

随着自媒体的兴起，我们愈发感到"信息爆炸"的威力，围绕一个事件，不仅有主流的声音，也有来自边缘的观点。组织如何甄别那些处于边缘的混杂、异类的声音？又如何根据这些嘈杂的声音做出有效的决策？进一步地，我们如何设计出一个有效的系统，使之能够容忍、吸纳大数据时代的数据洪流，据此高效决策，并且赋能系统各个组成部分，从而敏捷地应对各种危机？与上述追问相关，诺贝尔经济学奖获得者哈耶克（Hayek）把"分立的知识"（Divided knowledge）视为经济学中的核心问题，他这样谈道，"我们宣称要解决的乃是这样一个问题：若干人（其中每个人都只有一点知识）之间所发生的互动关系究竟是如何的？……究竟什么方式才是运用最初由个人分散掌握的那些知识的最佳方式"？这一问题源自经济管理领域理论研究与实践应用的最为古老、最为核心的课题——分工与协作的平衡。为此，我们是否能够设计一种全新的组织架构，适应于以VUCA（即多变性、不确定性、复杂性、模糊性）为基本特征的时代要求？2020年春的新冠疫情可以被视为高强度VUCA情境的特例。面对此类危机，此文探讨如何设计新型组织架构，做出敏捷高效的响应，尤其是兼顾战略视角的深度（聚焦）与广度（余光）的阴阳平衡。

风起于青蘋之末

最微细不易察觉之处的信息，可能引爆全球危机。对这些边缘信息，《易经》发展出"时中"的观念，即自然界中一些特殊事件（包括危机）的发生，都是在万物相互关联中自然产生的，阴阳交变中有危机，也有转机出现。对应"易"的力量，组织需要寻找、发展一个具备"时中"的结构，这一结构是一种和谐、有序、融贯、协调的结构，也是能催生更多和谐、有序、融贯、协调的构架。换句话说，我们需要更符合阴阳平衡原则的全新组织架构。

近年来提出的生态型组织——三台架构，是一种高度符合阴阳原则的全新组织架构，其核心特征是分布式组织结构，包括三个组成部分：一是灵活柔性执行具体任务的前台；二是为前台提供全面赋能服务的中台；三是为前台与中台指明长期战略方向与整体战略布局的后台（见图1）。三台架构可以译为"3-end Architecture for ecosystem organization"。三台架构也可称为"拼盘组合型"（Configurational）或"交响乐团型"（Orchestration）的"分布式"（Distributive）生态组织结构。作为一种"分布式"结构，三台架构既能激活个人、赋能个人，实现有效分工；也能协调组织、赋能组织，实现有效协作，从而实现分工与协作的有效平衡。三台架构的有效分工体现为企业在员工层面上对于多元甚至时常杂乱的信息做出主动、及时的反应，以此规避风险，抓住机会；有效协作则体现为企业在组织层面上对于多元甚至时常冲突的个人与部门提供资源配置与战略布局方面的赋能。具体而言，在高度数字化的前提条件下，三台架构可在人、财、物等方面提供全面的有效赋能；在强大的公司文化前提条件下，三台架构可在权、责、利等方面提供全面的有效赋能。

后台（头脑）：方向指引导向赋能
（强调长期思考与布局）

中台（躯干）：任务执行导向赋能
（强调相互依赖条件下的高度协作）

前台（四肢）：最直接执行
（任务可分解最小单元）

界面

三台架构解决两大悖论问题
（VUCA条件下生态体系特征）：
● 一、
及时反应、自主灵活
高度依赖、体系合作
● 二、
激活要素、积极主动
风险管理、复杂风险
三台架构两大管理赋能体系：
● 治理体系（文化+权责利）
  ✓ 文化（三观）
  ✓ 权力
  ✓ 责任
  ✓ 利益
● 运营体系（信息+人财物）
  ✓ 信息流
  ✓ 人才流
  ✓ 财务流
  ✓ 物资流

● 三台架构需要两大管理赋能体系的协同效应，两大体系贯穿三台，为三台界面链接核心要素
● 治理体系专注决策与执行的权责利（以文化为核心）分布，运营体系专注决策与执行的人财物（以信息为核心）流程
● 后台负责两大管理赋能体系的设计，中台以及前台负责两大管理赋能体系的执行
● 头脑与躯干的链接，以及躯干与四肢的链接表示三台之间的互动和界面

图1　三台架构

　　如图1所示，三台架构由前台、中台、后台组成。三台的前台需要获得高度授权，多元灵活，敏捷机动，以自组织形式运作，具备创新改进的自主空间，从而可以快速处理青蘋之末的信息。华为的铁三角、韩都衣舍的三人小组都是前台灵活的体现。从团队规模上看，研究发现最为有效的团队规模一般以7人为基准，可以增加或减少3人，即多至10人或少至4人，最小规模不要少于3人。前台类似创业小组，以项目为导向。前台不一定需要长期固定合同，但也可以像海尔的小微企业一样给予股权或期权激励。　换言之，前台可以因时而变。前台所体现出的项目模式在设计公司、顾问公司、律师事务所、会计师事务所非常常见。一个个高智力、多功能团队因项目而生，为处理某些危机而组建，也会随着项目的结束而解散。这种传统"项目

制"模式的最大弊端是个体所积累的"分立"知识难以沉淀和传承，会随着团队的解散而消失，难以形成组织记忆，无法培育组织能力。对很多实体企业而言，前台常常产生在市场最前线、与顾客最为接近的销售团队中，诸如专营店。此类销售团队同样面临信息共享的难题。

在三台架构中，中台担负这一职责和使命。如果说前台的核心功能是捕捉市场或顾客对创新的需求，以及直接试错，组建蓝军，开展迭代创新，那么中台的核心功能就是对前台各种试错、迭代进行沉淀，并为前台赋能。中台的架构设计起源于阿里巴巴，开始是数据中台，2013年开始时只有二三十人，慢慢演变成技术中台（云计算），现在已经达到五六百人的规模。阿里数据中台为业务中台起到很好的赋能作用，具体场景包括：监控；运营（如智能CRM）；植入业务（如智能推荐）；智能决策参谋。阿里数据中台的核心功能是以平台智能化与服务智能化为两翼，数据资产化为核心，共同赋能创新敏捷化。阿里曾将数据中台建设成为业务中台的基础支撑体系，在业务中台下面，而技术中台则是数据中台的基础支撑体系。三台架构对参与中台的人要求很高，因为中台上的人员需要与前台和后台都能很好地连接与沟通，那些具有跨界背景的人才应该更多地安排在中台的两个边界上。

三台架构中的后台，相当于公司总部的大脑，负责方向指引与导向赋能，职能包括基础研究、组织文化建设、战略设计、市场培育等。具体来讲，后台要着重抓好以下几件事情：一是战略智库，考虑未来20年至30年的企业战略布局；二是基础研发，如阿里巴巴的达摩研究院、华为的2012实验室等；三是未来市场培育，需要做好十年后的前景规划，把眼前的业务与市场交给中台；四是领导力培育和文化传承，如办好企业大学。此外，后台还有一个重要职能，是在接受前台的边缘信息且经过中台的智能处理后，推动突破式创新。应对前台提出的新需求，如果中台不能通过内部创新提供解决方案，而必须向后台求救，由后台创新才能提供的解决方案，往往是突破式创新（路径突破式或激进式创新）。当然，后台也可以组织各种资源，自主研发创新工具，主动赋能中台。

图2展示了三台架构中前台、中台、后台的关系。三者关系可以用一个比喻来形容，中台就像一个变速齿轮，后台的运转极慢，基本不动，而前台高速运转，需要中台提供变速，前台直面客户、应业务而千变万化，因不同地区、不同环境而应形度势，和后台的参谋连接。中台如同太极图中阴阳鱼的鱼眼（黑鱼中的白点或白鱼中的黑点），代表着阴中有阳、阳中有阴，是推动"易"与变革的力量。总之，三台架构中的三个单元是阴阳相合的，也是相生相克的，三者之间的动态反馈、协同运作可以灵活地应对和化解各种矛盾的对立、依存、展开、分化、和解或升华，从而顺应或激发组织的资源能力、发挥与各个组织利益相关者的合作，实现生而又生、生生不息。

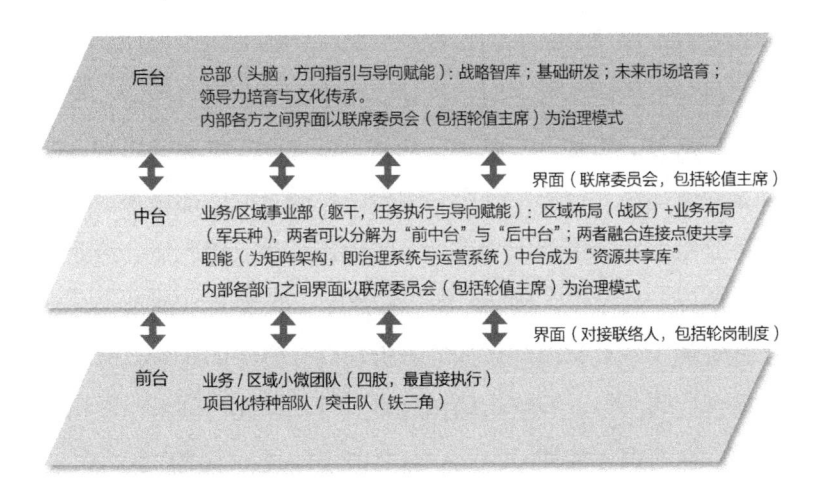

```
后台  总部（头脑，方向指引与导向赋能）；战略智库；基础研发；未来市场培育；
      领导力培育与文化传承
      内部各方之间界面以联席委员会（包括轮值主席）为治理模式

                                    界面（联席委员会，包括轮值主席）

中台  业务/区域事业部（躯干，任务执行与导向赋能）：区域布局（战区）+业务布局
      （军兵种），两者可以分解为"前中台"与"后中台"；两者融合连接点使共享
      职能（为矩阵架构，即治理系统与运营系统）中台成为"资源共享库"
      内部各部门之间界面以联席委员会（包括轮值主席）为治理模式

                                    界面（对接联络人，包括轮岗制度）

前台  业务/区域小微团队（四肢，最直接执行）
      项目化特种部队/突击队（铁三角）
```

图2 三台架构的分工布局与协作界面

如何在实践中推进三台架构建设

本文所提出的三台架构起源于云计算，如果把云计算比喻成一栋大楼，那么这栋大楼可以分为顶层、中间、底层三个部分，与之相对应的是云计算的IasS（基础设施）、PasS（平台）和SasS（软件）三个部分。但我们所理解的"三台"，已经超越了数字化层面的含义，更强调"三台"要以客户为中心，为市场和客户服务。举一个例子，海尔在小微的实践过程中暴露出一些问题，比如，许多海尔小微会去争抢同一个优质客户，小微之间完全没有协作，这不仅造成资源浪费，也降低客户满意度。究其原因，就是缺乏中台。为了改变这一局面，海尔首创一种新的组织形式——链群，就是把一组小微通过自组织的

方式连成一个价值链，在这些小微之间实现分工与合作。笔者在为海尔提供顾问服务时，就建议由中台来协调与策划，提供人力、财务、资金等资源，在众多小微之间实现业务协同。换言之，就是将"链群"升级为中台，打破企业内部条条块块的业务分割，紧紧围绕客户需求，实现跨小微、跨职能、跨业务的有序分工与协作。例如，海尔构建K-Link新产业赋能平台，通过宏观、中观和微观数据的分析与内外资源的对接，赋能小微前台战略决策、战略布局和战略执行，以此巧创新业态和新模式。在新冠疫情期间，此平台赋能小微进行系统匹配内外装配、空气系统、能源系统和医疗等生态伙伴共同巧创全新"医疗隔离舱"，并在七日内升级为国家新标准。

中台应该包括四大部分，即数据中台、业务中台（如业务事业部）、职能中台（如人力资源、财务、法务、生产、研发等）、区域中台（如全球规模的区域分布，或全国规模的区域分布）。借用军队用语，业务中台可被视为军兵种，属于后中台，负责与后台直接连接，区域中台被视为战区，属于前中台，负责与前台直接连接。与中台对应，后台也包括四大部分，即战略智库、基础研发、未来市场培育、领导力培育与文化传承。

在"三台"建设的实践中，一个现实问题是如何对"三台"进行绩效考核？现实中，很多企业在绩效考核时容易一刀切，考核指标的导向很容易使组织的最终使命走形。三台系统是否会出现职责不清，出了问题相互推诿的现象？故而，确定明晰的"三台"考核思路非常重要。对前台而言（如长期固定的铁三角），它是独立核算的，不一定有股权，但由于独立核算，很容易根据客户满意度、回款速度、现金回款量等关键业绩指标给予考核和奖励；对中台而言，它是由前台评估、考核的，因为前台是由顾客、市场评定的，自然会将服务的压力转到中台，从而克服财务、人力资源等部门的官僚化趋势；对后台而言，它的绩效是长期的，一两年的数据无法评定，这就需要企业高管制定长期的考核指标。

在实践中，三台架构的组织设计不仅可以应用到企业中，在社会治理方面，三台架构的思想也具有指导价值和操作方案。以新冠疫情的防治为例，可以运用三台思想来考虑——"三台"是既分立又整合的自组织系统，各组织单元可以采取最适合自己的疫情防治方案，通过中台的大数据整合，快速地将各个地区不同的防疫机制、治理机制加速迭代，而后台的参谋系统结合大数据、城市智能大脑，从中挑选出防治疫情的最佳方案，这样就可以实现对分立知识的最佳整合与应用。"三台"可以灵活地实现政府与各类社会公益组织的合作，例如，段站江就提出如下方案：从阿里巴巴、腾讯、京东、滴滴、美团、顺丰、每日优鲜、多点、壹米滴答等企业抽调高级别公司高管和互联网技术专家，实现大数据下的联合作战，快速架构，高效部署。

在操作层面，段站江提出的防疫系统方案就是中台方案，其建议，"统一技术路线，规范API开放端口，厘清平台衔接流程，快速组建四大应急大数据智慧调度平台：应急大数据指挥平台、应急物流指挥平台、应急物资保障（电商）平台、应急城市交通指挥平台。利用新技术力量和大数据红利，做到关键数据高效汇总、应急物资精准投放和城市紧急交通调度，用大数据辅助中央政府决策，提升疫情指挥效率，帮助国家和人民渡过难关""同步建立慈善大数据监管子平台，做到慈善款项支出明细、定向捐赠物资流向、慈善物资质量保障（合规企业厂家直供）的全时、全链、全网、全方位监管，最大程度地限制管理乱象和人性黑洞，不辜负全国人民期望，让每一点滴的爱心，都能滋润到最需要帮助的人和地方"。

  本质而言，"三台"的设计是要敏捷地处理、回应大数据时代的数据洪流中的分立知识。哈耶克在《个人主义与经济秩序》一书中指出"人类最初是在并不理解的情况下偶然发现了某种惯例和制度的，只是在后来才慢慢学会了如何运用它们，尽管人类直到今天还远远没有学会如何充分运用它们。需要指出的是，价格体系只是这些惯例和制度当中的一种而已。正是通过价格体系的作用，劳动分工和以分立知识为基础的协调运用资源的做法才有了可能……人类之所以能够发展起我们的文明赖以为基础的劳动分工制度，实是因为人类碰巧发现了一种使劳动分工成为可能的方法……迄今为止，还没有人能成功地设计出一种替代性的体制"。"三台"当然没有设计一个替代性体制的野心，但如何敏捷地处理分立知识的挑战，是每个组织生生不息的核心，《易经》说"刚柔者，立本者也，变通者，趣时者也"，三台的组织架构，本质上是刚柔相济的，也是最能应时而变的。在"黑天鹅"事件发生时，三台组织将以最敏捷的身姿应对危机。

6 启动双元组织的危机叙事方法

企业，特别是中国企业，面对的经营环境恶化，变化频繁，形态陌生。环境与组织之间的界面条件更加需要双元组织设计，但实践中成功案例却又那么稀少。它的罕见带来三个问题：难以成功的原因是什么？解决方法在哪？如何实践？

通过对200多家企业调查，笔者发现，根子在决策酝酿阶段的本能思维定见。解决方法是建议容纳探索创新的本能定见。实践中，成功的领导者善于利用因危机而生的敬畏植入对双元组织的偏好，形成新的本能定见。

——鲍勇剑 袁文龙 Oleksiy Osiyevskyy ｜文

环境与组织之间的界面条件一向主导着管理者对组织类型的思考。当界面条件趋于重复并稳定时,管理者倾向于命令式控制组织,例如韦伯的"理性官僚组织"(Bureaucracy)。当界面条件趋于动荡并且不规则的时候,管理者试图从参与式组织类型中寻找控制的方法,例如华人创业者谢家华(Tony Hsieh)开创了网上鞋店Zappos,他把员工自我组织的热情和能力发挥到极致,创造出一个依靠文化控制的超级扁平合弄制组织(Holacracy)。当界面条件摇摆于稳定和动荡之间时,企业应该选择怎样的组织类型呢?双元组织(Ambidexterity)似乎为合适的选择。最近20年,管理学和企业界都开始关注双元组织,并试图以双元组织化解既要成熟市场又要新市场的悖论。

古拉丁语中,"ambi"指双(both),"dexter"指右边(right),合在一起,Ambidexterity原来指篮球比赛中"双手运球"能力,后来延展为"双元组织能力"。双元组织既能左手画圆,也能右手画方,代表一种双灵活能力。1991年,詹姆斯·马奇(James March)研究"探索"与"利用"(Exploration and exploitation),认为二者兼顾是必然趋势。马奇对"探索"与"利用"的定义被视为双元组织的硬核。"利用"强调从现有能力出发,在自己熟悉的市场中推出有成本优势的产品。"探索"活动则指向新市场、新流程、新产品和新能力。

"利用"与"探索"的策略意向成为本文讨论的中心问题。朱子形容朝露落于青草叶面的滋润状态为"虚心涵泳"。双元组织应该"虚心涵泳"探索和利用的策略意向。否则,非双。

"纸上得来终觉浅"。现实中,真正具有双元能力的组织非常罕见。实践中,许多公司设计X-专项计划,将执行两种活动的团队分开。例如,成立之初,微软的X-Box游戏机开发团队不仅在组织结构上分开,还与成熟业务的团队在物理空间上分开,在自己的办公楼里工作。"谷歌眼镜"采取的也是X-计划。它有自己的预算、开发时间、营销目标。当"谷歌眼镜"未能实现战略目标时,专项计划暂停。双元能力成为大公司内部创业的标配,但真正能同时在全公司上下保持双元组织关系的企业很少。比较成功的例子是微软的萨提亚·纳德拉(Satya Nadella)推动的利用和探索策略。在他的《刷新》一书中,纳德拉描写了自己担任微软首席执行官后洞察未来的过程。像郭士纳(Louis Gerstner)找到IBM转型的"中间件"(Middleware)策略过程一样,纳德拉360度倾听组织内外关键利益相关者的看法。通过浸透到商业变化现象的细节,通过生动感受隐隐汇集的行业动线,纳德拉果敢地向全体员工传达他对公司未来发展方向的决策。在纳德拉的领导下,微软从过去熟悉的商业范式断然走向代表趋势的云计算、移动通信和计算。微软,没有纳德拉远见的引导,就不可能有近几年的成功表现。

放眼全球地缘政治经济状况,企业,特别是中国企业,面对的经营环境恶化,变化频繁,形态陌生。环境与组织之间的界面条件更加需要双元组织设计,但实践中成功案例却又那么稀少。它的罕见带来了三个问题:难以成功的原因是什么?解决方法在哪?如何实践?

通过对200多家企业的调查,笔者发现,根子在决策酝酿阶段的本能思维定见(Instinctive heuristics)。解决方法是建议容纳探索创新的本能定见。实践中，成功的领导者善于利用因危机而生的敬畏植入对双元组织的偏好，形成新的本能定见。

双元组织的前置促进条件很多，如工作设计、文化、激励、导师制度等。笔者认为，通过危机文学叙事（Literary narratives）形成的"探索本能定见"是最初始、最有效的方法。本文先从自然本能定见的角度说明，双元组织有内生的矛盾与冲突，所以它难以成功。然后，提出一套危机叙事的方法去植入"探索本能定见"。它在决策酝酿阶段就能"虚心涵泳"双元的策略意图。没有它，即便双元组织启动了，也难以维持长久。最后，笔者汇总对双元组织的讨论，解释为什么要从认知能力和实践能力的综合维度去看双元组织代表的组织境界，并提出八个建立"探索定见"的方法。

自然本能定见反对双元组织

人是用语言创造的智慧动物，并无所不在其限制中。语言学家诺姆·乔姆斯基（Noam Chomsky）认为，基本的语言格式有递进再生的功能。我们不可避免地用语言思考问题和解决问题。因此，人的创造活动背后是语言活动。但是，语言也制造了思维的边界，形成对人的认知和行动的限制条件。缺乏对应的语言（语法、语义和文本），人也无法首先在头脑中编程创造性的认知活动。双元组织涉及的"利用"和"探索"活动最后还是可以抽象为思维的语言活动。

神经科学家罗通（Beau Lotto）把乔姆斯基的语言悖论延伸

到对人的意识活动分析中。他的研究显示,在客观世界和人脑能够感知到的世界之间,存在偏差,如视觉偏差。这个偏差是进化的结果。我们总是有偏差地感知世界,因为它帮助人趋利避害。它的典型表现就在于,通过进化的历史记忆,大脑建立起自然本能定见(Instinctive heuristics)。这种本能定见充满无须质疑的认定前提。"一朝遭蛇咬,十年怕井绳"就是自然本能定见通俗而生动的例子。又如,在社会心理范围内,长期逃难的历史记忆也容易形成"落后就会落难"的定见,以至于人们不分场合地争先恐后。从进化的角度看,争先恐后反映的是一种追求确定性的恐慌心态。它和有偏见的感知一样,是一种追求确定性的环境适应能力。长期进化沉淀后,它们在心理意识层面形成条件反射的思绪和固定思维语言文本(潜意识层面略有不同,但不影响本文的论述)。思绪和组织它的语言叙事文本就是本能定见。经济学家卡尼曼(Daniel Kahneman)和特沃斯基(Amos Tversky)称之为"启发性原则"。在有风险的决策过程中,叙事文本影响人们的偏好。为简化表述思绪的语言叙事文本特征,笔者选择称之为"本能定见"。它代表已经成形的神经放电活动,并以叙事文本的形式发挥作用。我们思考过程中的"自言自语"就是定见的一种表现。

综上所述,思维有叙事文本,不假思索选择的就是成形的叙事文本,是定见。定见包含无须分析的认定前提。它引导感知活动的方向,影响策略意图。自然形成的定见反对探索创新的策略意图,因为守成的定见认为,探索创新带来不确定性和不可预测性。只要守成(利用)的定见统治思维活动,双元组织很难建立。

　　本能定见对双元组织决策的影响是显著的。笔者的研究表明，对于"利用与探索"决策，高管往往有模棱两可的看法。影响高管选择的信息处理过程也有两种：一种是冷静的理性分析（Rational analysis）；另一种是本能的启发性定见原则（Intuitive heuristics），简称"本能定见"。本能定见是过去经验中形成的启发性原则。遭遇类似情形时，人们快速启动本能定见，不假思索地做出反应。理性分析方法一般会导致高管选择利用与探索并举的决策。本能定见原则一般会促使高管倾向选择低风险的成本控制和在成熟市场发展的策略（"利用"策略）。但企业家不满的是，即便高管选择"利用"与"探索"并举，中下级别管理者仍然受启发性原则影响，不能维持并举的策略。因此，尽管在理性策略选择上，企业希望二者并举，能左右开弓（也是"Ambidexterity"的原意）。现实中，真正实践左右开弓的组织罕见。其中，自然本能定见主导低风险的选择是一个重要因素。

　　自然本能定见的默认选择偏好低风险和高确定性。它的保持方法是依靠历史记忆形成的认定前提和记录它们的语言文本。反映在企业的"利用"活动中，"效率优先""把握好已知市场机会""保障生存条件"等语言文本就是企业决策过程中的"自然本能定见"。2018年，万科的"活下去"成为商业流行语，在许多董事会中被反复引用，甚至变成衡量2018年管理业绩的一个重要标准，它们都从各个方面体现出自然本能定见在企业决策过程中的默认地位。反观之，除非组织的本能定见还包括"探索"的语言文本，否则双元组织难以落地生根。因此，它罕见的根就在守成的本能定见（"利用"定见）影响决策意向。

双元组织需要双重定见

追求"利用"和"探索"的本能定见有差别。它的直接反映就在代表各种思维活动的叙事文本中。"利用"的叙事文本以"确定性""效率""成本""风险可控""高度相关性的扩张""六西格玛""渐进式技术""基本线规划""季度销售增长""季度利润率""共享产品平台设计""边际优化""设备技术改造""市场预测和生产规划""垂直组织结构设计"等为核心。由这些叙事文本表达的定见都有一些共同点：降低不确定性、保持确定性、重复已经知道和熟悉的技术和流程。它们与人的自然本能定见完全一致。但是，建构双元组织，管理层需要确立另外一套本能定见，即"探索定见"。依照代表思维活动的叙事文本，表1比较了"利用"和"探索"思维背后不同的本能定见。

表1仅仅选择一些典型的叙事文本。涉及策略、产品、市场等具体话题时，表达"探索定见"的语言会有差异。但是，它们的共同特征是面对不确定时候的积极的态度和行为。这些定见容易引导决策者选择开放的、创新的、多元的、多项衡量标准的策略方向。它们也代表着组织"探索"活动的内容和形式。

表1 比较能够影响"利用"和"探索"决策的定见

双元组织需要双重定见	
利用的定见	探索的定见
确定性是值得追求的	不确定性刺激深度思考和广角思考
效率和成本为定海神针	新奇的选择有不能替代的价值
风险可控为要事,优先	小概率事件学习,设计能承受的失败
兼并收购重点在高度相关性的扩张	产品、技术和市场的多元、多样价值
全员推广六西格玛和最佳表现	新秩序的元点隐含在偏差中
基础结构的设计原则是共享产品平台	基础结构的鲁棒(Robust)设计原则
垂直组织结构设计	扁平的合弄制有利于参与型创新
市场预测和生产规划紧密结合	情境分析方法强调想象力的作用
联系核心竞争力和渐进式技术开发	跨越式技术更新全组织能力

通过这两套定见的比较,笔者了解双元组织不容易执行的生物进化的原因。按照罗通的解释,"探索"的定见本能上有违大脑神经感知系统追求确定性,趋利避害、偏好可预测性和连续性,以及排斥变化的认知的前提设定。简单地说,生物进化的人容易受利用定见的影响,喜欢单元组织。社会化(后天反思学习活动)的人,知道双元组织的价值,但实施时,建立探索的定见很难。对有各色人等的组织而言,同时保持利用和探索的定见非常有挑战性。

用危机经历植入探索的定见

定见是可以改变的。"探索定见"可以植入。

当我们使用"本能"时，它常常被当作亿万年进化的结果，被认为是不可以改变的。这是对本能的狭隘解释。神经科学家更把本能看作神经元和神经突触放电反应，产生重复的神经网络结构。它有记忆效果。通俗地讲，受到外部刺激后，感知到的相同刺激会调动记忆中存储的反应，这就是本能。本能反应不需要再经过分辨和分析的过程，所以快速。在适应环境的大目标影响下，生存的本能定见最强。人的感知工具主要为这一本能反应服务。不过，人的本能定见是可以改变的。如果我们改变既有的头脑中的前提设定，如果我们训练感知工具为改变定见服务，我们可以看到不一样的本能定见和它对人决策选择的影响。危机濒临的体验往往能改变人的定见。

人脑思维活动有可塑性，本能定见可以改变。伦敦大学的神经科学家罗通研究发现，经历不寻常事件的人，他们对事物的本能定见可以改变。体验非同寻常的事件让人震撼，容易让人产生"敬畏效果"（Awe effects）。它可能帮助人们突破日常习性限制，升华感知更宏观的环境维度。升华后的人更愿意选择有风险的行为。突破常规，升华感知，宏观维度和风险行为，这些都为探索创新的本能定见创造了发生条件。

在罗通的验证"敬畏效果"的一个实验中，他让观看"太阳马戏"表演的参与者戴上头盔记录仪，并在观看的过程中和之后回答问题。"太阳马戏"的许多舞台设计和表演不仅惊心动魄，而且出人意料。它的震撼效果是演出的一个重要卖点。他的研究证明，有震撼和敬畏体验的观众更加开放地回应问题，也更加愿意接受新事物，承受高风险。罗通的实验也部分解释，经历大事件后，人们常有大彻大悟的体验，看待事物的视角更开阔，对风险的认知更全面（敬畏效果可否塑造更加封闭的思维，能不能让人选择无助地服从行为？罗通的回答是肯定的。当震撼和敬畏带来的不仅有恐惧，还有恐慌性愤怒时，人们更容易寻求权威保护，更容易把安全性列为最优决策目标。这是我们在管理危机的非凡经历时需要额外小心的地方）。

在管理经验中，能够产生震撼和敬畏效果的莫过于危机事件。危机具有突发性、破坏性和产生广泛影响的特征。它常常引发系统层面的集体心理震撼和恐慌。笔者的问卷和田野调查佐证罗通在神经科学研究方面揭示的"敬畏效果"。那些能够转危为机的管理者，往往因为危机震撼而更加开放，以更加开阔的视角看待陌生现象，更加愿意接受创新的风险。

转危为机的案例一般有三个伴生现象：一是濒临绝境的临界体验；二是最高决策者有把握发展趋势的认知和决断能力；三是高管能够将"转危为机"的思想意识宣讲灌输到能够贯彻执行的行动中（简称"宣贯"）。经过"转危为机"的宣贯，组织成员培养建立起新的本能定见。他们仍然对非凡事件保有敬畏情绪，但不再以排斥和恐惧的心态看待事件的影响力。相反，他们更加愿意寻找危机带来的变革机会。因为相信，所以试图去理解和发现。通过敬畏效果而改写的本能定见让组织成员更加能够接受"利用与探索"并举的策略。双元组织发生和成型的途径很多。但笔者发现，通过与危机事件伴生的心理敬畏效果，管理者可以获得植入"探索"本能定见的机会。

笔者对"转危为机"做过200个样本的研究，发现组织成员是否有濒临绝境的临界体验非常重要。临界体验的问题包括：是否感受到组织存亡系于一线？是否有强烈的时间压力和紧迫感？是否有高度反常的情绪？有临界体验的组织成员更加愿意投身于不熟悉的生产流程创新，愿意接受新技术，愿意开发新产品和新市场。没有临界体验的组织成员更倾向于对熟悉的流程和产品做效率和成本的改进。"转危为机"一般不会发生在同一市场环境下的类似产品延伸，更会在新技术、新流程、新产品和新市场的背景下发生。因此，组织好"濒临绝境的临界体验"，获得转危为机的成功体验，可以帮助企业植入探索的本能定见。

对临界体验带来的开发和创新意识，格鲁夫深有体会。在《只有偏执狂才会成功》一书中，他生动描述了怎样让组织成员理解新到来的微处理器技术挑战是一种具有10X力度的冲击，是对英特尔熟悉的记忆芯片技术的一个策略拐点。利用环境剧变，营造临界体验，也是IBM前总裁郭士纳采取的策略。在《大象也能跳舞》中，郭士纳回忆，1993年接任IBM的时候，IBM账面现金只能支撑12个月。百年企业，摇摇欲坠。怎样与组织成员沟通"临界状态"，又能避免争相跳船的恐慌？现在看来，对照罗通的脑神经和感知理论，郭士纳很好地利用了危机带来的震撼敬畏效果。

在敬畏效果的影响下，危机临界体验推动人们从"利用"

跨越到"探索",它有着生物学的理论支持。生物学家斯图尔特·考夫曼(Stuart Kauffman)从生命现象的角度解释感受临界体验的价值。在《秩序起源》一书中,考夫曼解释生命发生、发展、寂灭和转换的三种环境:有序环境、混乱环境、复杂环境。代表"转危为机"的物种变异和繁殖现象一般发生在有序和混乱环境的界面之上。按照他的分析逻辑,组织成员临界体验濒临绝境的心理状态能够刺激生命形态的变异和进化。

毫无疑问,企业领导者比考夫曼研究的生物分子结构和蛋白质要复杂。领导者在"转危为机"过程中扮演的角色更加重要。面对危机带来的未来不确定性,一般人可能感到无法驾驭。领导者能洞察先机,他们比其他人更能看到事物发展的趋势和路径选择。笔者的研究显示,当领导者有把握发展趋势的认识和决断能力时,组织更有可能"转危为机"。

让管理团队具备领导者同等水平的决断能力,这是不现实的。让管理团队具备领导者在"利用"和"探索"两个世界无障碍往来的认知能力,这是必须要做的。它可以通过改造思维叙事文本来实现。

比较本能定见的叙事文本,它们代表着两种认知世界:确定性对不确定性、低风险对高风险、可预测对不可预测、能够直观感知对不能够直观感知、有历史事实支持对无历史事实证明、"在熟悉的情境参照系中"对"没有情境参照系"、现在的对未来的、有连续轨迹的对断断续续的、"清晰的一种正确选择"对"模糊的多项可能选择"。一句话概括,"利用的世界"是一个可以真实感知的具体经验,"探索的世界"是能无限想象的抽象概念世界。对一般管理者而言，这是两个矛盾对立的世界。即便危机临界体验的敬畏效果可以植入"探索定见"，危机过后，人们又返回"利用定见"主导的世界。因为我们常常认为"探索定见"主导的世界不真，是假的！为了确定性，我们还是回到"利用定见"的世界中去！

"真"是定见的锚。能确定、可预测为"真"。事实是确定和预测的依据。自然本能把它们串在一起。

能够在两种认知世界流畅往返的领导者有怎样的认知和实践能力？为何他们能够同时执二端而不悖？这是因为他们有不同于常人的真实观（Truthfulness）。在"真"的问题上，"利用定见"主导的世界和"探索定见"主导的世界可以有一套共同的标准。在它的评判下，"现实真"和"虚拟真"可以比较，没有种类的优劣差别。一方面，按照神经科学家罗通的理论，无论是现实的经验数据（看到了、摸到了、听到了），还是虚拟的想象数据（想象的、推演的、幻觉的），它们本身没有两样。数据没有意义，数据在被人感知的过程中，人脑的思维活动（神经元放电活动）调动记忆中的认定前提，对数据做相互关系解释，且赋予意义。另一方面，按照语言学的理论，思维背后都是一套语言叙事文本。因此，语言叙事文本的标准可以同时运用到"利用"和"探索"两个世界中去。有了同样一套参照系统和判断标准，领导者就不必依赖物理体验（眼、耳、鼻等）去确定真实性。简单而言，在他们的思维过程中，"现实真"和"虚拟真"都可以抽象到语言叙事文本的逻辑一致性和可接近性上。只要能够用叙事文本想透的，都是真切的。"现实真"是通过具体实际的身体感知而接近并确认的真（看见、摸到）。"虚拟真"是通过想象、模拟、推演和游戏而接近并确认的真。

有领导力的一个标志是接受"虚拟真"，接受虚拟现象也是能够数据化分析，能够确定和预测的。如果这样的领导力先进性可以转移到管理团队的其他成员上，建立"探索定见"就不难。如果那样，通过思维层次的叙事语言，"现实真"和"虚拟真"统一到一个世界观里。只有在统一的世界观里，"利用定见"和"探索定见"才可能同时存在，并行不悖。

只要"利用定见"和"探索定见"有各自的真假分辨体系，双元组织即便建立起来，也难以维持。只有两种定见都接受统一判断"真切"的语言叙事文本，双元组织才能真切并长久地存在。

过去，持这样的统一真切世界观的人很少，但现在越来越多。在信息技术、虚拟空间概念、人工智能、虚拟现实（VR）大发展的背景下，在语言文本层次讨论智能现象，如双元组织，已经没有认知障碍。换言之，证明双元组织的终极问题的挑战在于如何建立统一的语言叙事解释。下面，笔者借助语言学家玛丽—劳尔·瑞安（Marie-Laure Ryan）的"叙事学"解释"利用"和"探索"，"现实真"和"虚拟真"的统一性。

"探索定见"与"利用定见"是怎样统一的

按照瑞安的叙事学理论，"利用定见"和"探索定见"的基础各自为"现实真"和"虚拟真"。"现实真"是已经发生的,"虚拟真"是未来可能发生的。已经发生的只有一个世界,一个已经被人感知到的世界。可能发生的也许有无穷多个世界。

人们对"现实真"有自然而然的选择偏好。表面上看,它是因为"现实真"有较高的可预测性和确定性。其实是因为"现实真"的数据(看到、听到、嗅到等)容易接近,因为我们感知器官的存在。从神经科学和语言学角度去理解,"现实真"的数据必须经过思维语言的转换。在思维语言叙事文本中,感知是一个金字塔形的叙事过程。感知到的是真还是假,它受三者影响:大脑内存的本能定见、感知的情境背景、感知活动赋予数据之间有意义的关系。如果感知到的现象被完整一致解释,解释有助于预测,那么就是真,否则为假。"现实真"还是"现实假",取决于感知过程中的语言叙事文本。按照瑞安的"叙事学"理论,"现实真"可以转化到语言叙事文本的世界中。

人们对"虚拟真"有着自然而然的排斥偏见。表面上看,它是因为"虚拟真"还不存在。其实是因为"虚拟真"的数据(假想、模拟、仿真活动等)难以接近,因为我们生物感知器官需要人造技术才能处理这些数据。从人工智能、信息技术、VR技术的角度看,接近和编排这些数据完全可能。经过人造技术转换,"虚拟真"的数据到达和"现实真"同样的大脑思维阶段,经历同样的叙事文本解释,受到同样的真假判断。按照瑞安的叙事学理论,在语言叙事文本的世界里,"虚拟真"和

"现实真"是同等、同质真切的。

因此，有了人造技术，过去不容易被感知的虚拟事实可以成为数据，可以被思考。人造技术解决了"接近性"的问题。和经验事实一样，虚拟事实同样可以被接近、被思考、被语言叙事文本处理。人造技术只是把过去隐晦的本质明晰化，即"虚拟真"可以由对应它的事实形式来证明。

综上所述，我们终于可以在统一的语言叙事文本中比较和判断"现实真"和"虚拟真"。它们为双元组织提供了一个统一的叙事文本世界观。

"虚拟真"和"现实真"之间，唯一的区别在于存在的数量。"现实真"已经发生，已经被感知一次，已经与各种有形的具体事物发生固定的联系。因此，"现实真"只存在一个世界中，一个已经实现的世界（实现界）。但是，"虚拟真"具有无穷可能性，它不受时空情境限制，它能同时存在于多个虚拟可能的世界（虚可界）。虚拟可能、多种世界同时存在、不受具体真实物的限制，这些正是探索活动的创新条件。

如果虚可界总是塌陷进入实现界，探索创新就无法推进，因为被囚禁了。如果虚可界不能解释"真切"，那么求真、求实、求确定的自然本能定见必然占据头脑思维的统治地位。探索创新也无法推进，因为被排斥了。语言学家和神经科学家发现，在语言叙事文本的世界，二者不仅统一，也不相互排斥。这时，它们各自发挥应有的功效，为"利用"和"探索"活动服务。图1展示"探索定见"和"利用定见"在语言叙事文本世界里的统一。只有到这个阶段，双元组织才真正建立起来。

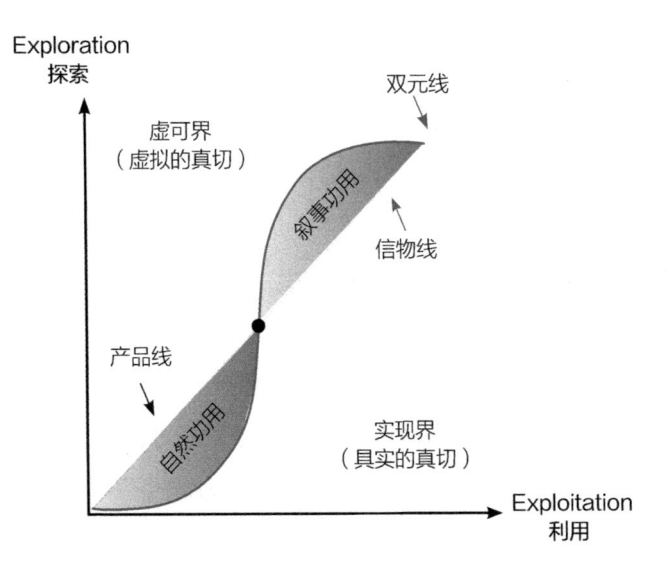

图1 统一的"探索定见"和"利用定见"

"利用"和"探索"活动之间的互补性是怎样实现的？双元组织研究一直没有很好地回答这个问题。运用语言叙事学，可看到它们之间不断进化演变的互补性。如图1所示，"利用"活动首先从人的基本需求出发，制造产品，为消费者带来自然功用（饱、暖、安全的价值）。基本需求和人的直接感知相联系。消费者的满足也来自具体形态的产品。但是，以炫耀消费经济为例，探索创新的可能性已经不得不超越人的基本需求和具体需求，不得不着力于消费者的心理满足。心理满足是思维活动的表现。思维活动背后是语言叙事文本。因此，探索创新的价值要有具体产品载体，但产品只是载体。产品之上，探索创新带来的是各种各样的叙事文本解释。当最受欢迎的叙事功用与产品载体相结合时，产品成为包含和传递叙事价值信号的信物。当我们说"传达信号的媒介也是信号的一部分"时，我们指的是，虚拟现实和人工智能时代，只有两种制造企业：制造载体产品的工厂和整合价值信物的媒体。信物为王！

作为一种组织境界的双元组织

判断"真伪"的认知系统一定要统一。否则，两种定见之间的紧张关系（Tension）就经常打架，难以管理。2008年至2020年，双元组织理论都试图从竞争的角度解释"利用"和"探索"活动。有些理论形容它们之间是矛盾关系，为"一个真实"而竞争，因此，"利用"和"探索"这两元之间互相排斥。管理的重点在于解决矛盾引起的冲突。有些理论形容它们之间是悖论关系，即分开看都合理，同时放在一起看就显得陌生和怪异（Absurd and strange）。因此，"利用"和"探索"活动只能在竞争中相互妥协。管理的要点不是判断谁真谁假，而是找到二者之间一个妥协的解释。真相就是去感知它们在一起的怪异，直至不陌生。 最近的研究则回到辩证思维，把双元之间的竞争看作不断进步的斗争。在一个时期，它们之间总是冲突和矛盾的。经过斗争，在下一个时期，其中的一元战胜对方，展现更高级的真实性。因此，管理者要把握好斗争方法，接受一个时期的冲突，为下一个阶段的升华做准备。表2概括了这四种讨论的主要观点。

表2 双元组织现象的四种系统解释

组织境界	主要特征					
	关系属性	对紧张关系的立场(Tension)	思维倾向	管理目标	典型案例	真伪观
矛盾 Contradiction	排斥、互害	消除	简单的统一性	解决冲突	宗教极端组织	一个真实
悖论 Paradox	紧张的共存	接受	综合的差异化	重新理解关系	创业阶段企业	感知真相
辩证 Dialectics	轮流坐庄	寻求	复杂的统一性	利用斗争升华	成熟阶段变革企业	去伪存真
双元 Ambidexterity	互助共生、协同流畅转换	随境而用，趋势而为	差异与统一共存不悖	因势利导微冲突，动平衡	生态化、互联网化组织	多种真切并存

上述的四种系统解释都有它们的合理有用之处。但是，它们对双元的竞争解释限制了探索创新的潜力。四种解释都没有对"利用定见"和"探索定见"如何共存做出令人满意的说明。特别需要强调的是，它们都没有在"现实真"和"虚拟真"的统一性和同等地位上表明立场。实践中，因为"探索"的本能定见没有建立起来，管理决策者就不由自主地受占统治地位的"利用定见"左右。因此，探索创新的潜力难以发挥。笔者认为，只有把双元组织看作一个更高级的组织境界，才能正确调和"利用"与"探索"之间的紧张关系，才能在"虚拟真"的维度发挥探索创新的潜能。

对应双元组织四种组织境界，图2描绘了各种境界强调的实践能力。进入双元组织境界,认识到"虚拟真",善于用叙事文本的方法演绎虚拟价值,它们是管理的重点。

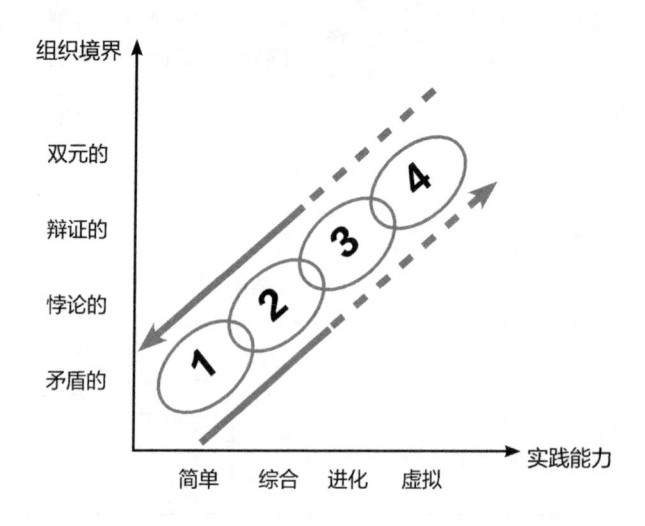

图2 进化的四种组织境界和对应的实践能力特征

涉及"利用"和"探索"活动,在矛盾观点主导的组织境界中,管理者容易实施简单的解决冲突的方法。他们这种实践能力偏向实际上受到矛盾世界观的影响,即有你无我。悖论观的组织境界是一种上升和发展的境界。悖论观认为,二者同在,有陌生性和怪异性。这种认识是一种进步。它试图不偏不倚任何一方,不让一方有专属的特权地位。接受双元之间紧张关系的妥协是一种有益的偏离。它从组织生命系统自我保护、自我强化、自证合理的习性中偏离出来。在熟悉怪异性的过程中,组织决策的搜索视野变宽广了,选择的差异度变大了。悖论观以这种方式提升探索创新的效果。不过,悖论妥协的另一个方向趋势是维持现状,让"利用"和"探索"活动陷入内耗的互损均衡状态。双方都成为显示对方不合理的看板,却没有在促进对方反思上做任何贡献。辩证的组织境界是对悖论互损倾向的反动。因为有斗争的方法,一方总是要胜过另一方。所以,均衡一定会被打破。辩证的组织境界把进化的实践能力放到组织决策的首位。于是,升华、发展、进化成为产品开发和市场扩张的主旋律。但是,辩证组织境界中,管理者时常感受到焦虑和无能为力。焦虑,因为斗争的实践。无能为力,因为进化所需要的虚拟实践能力没有跟上。

只有在"现实真"和"虚拟真"的共同语言切实性建立之后,虚拟可能的世界和实现的具象世界才真正流畅地联系在一起。通过对思维活动背后语言叙事文本的解释,笔者把双元组织境界放在虚可界和实现界统一的大系统之中。在这个统一的大系统中,虚拟能力突出表现在语言叙事文本的递进演变上。这时"利用"活动的具象性和"探索"活动的抽象性完全互补。探索创新产生的新价值首先通过语言叙事表达出来,并不断具象化到产品中去。能够产品化的新价值信号便共融为信物。不能够产品化的新价值信号被扬弃。因为可以在语言叙事文本的层面想象、建立模型、修改、实现或扬弃,探索创新的经济成本大大降低。这时,"利用"和"探索"之间是超越竞争的协同关系(Synergistic)。因此,只有把双元组织放到这样一个组织境界的高度,管理者才能最大化实现探索创新的潜力。

为顺利接近双元组织境界,管理者可以收集危机中爆发出来的丰富感知元素,然后采用下面的方法去建立"探索定见"。

◎ 情境规划的方法（Scenario planning）。情境规划强调用想象力去联系过去、现在和未来，特别是要调动语言叙事方法想象过去完全不可想象的、一旦发生就有灭顶之灾的情境。与危机材料相结合，情境规划把多种虚拟可能的未来带到组织成员面前，帮助他们体验虚可界和实现界之间多孔的边界。

◎ 电脑游戏的方法。游戏能充分利用语言叙事文本属性，设计不同的游戏规则，随时修改演变过程。游戏的结果比较容易控制。通过游戏，组织成员可以选择体验各种危机管理过程。虽然游戏不能完全制造真实的危机震撼效果，但它可以比现实版的危机经历更丰富。

◎ 模拟仿真的方法。把组织内部和行业外部发生过的危机汇总整理。选择其中的典型，模拟仿真全部经历，再对各种体会做复盘反思。复盘过程中，着重突出探索创新活动的作用。然后，用"替代性现实"（Alternative reality）的方法，再次叙事，显示探索创新的真切可靠性，以此帮助建立"探索定见"。

◎ 浸透式案例分析。选择已经被编辑过的危机案例，分配案例中的决策角色到个人。通过角色扮演，案例分析者体会感知当事人的决策困境和选择。一般情况下，成为教材的危机案例会包括"利用"和"探索"的二个维度。从案例决策角色和分析者的两种视角，组织成员可以虚拟接近并体会当事人对探索创新的危机解决方法。

◎ 梦想，假想，胡思乱想。设定一个"梦想、假想、乱想"时间。期间，组织成员可以虚拟想象各种发生在组织中的怪诞事件，并演绎它们的变化过程。通过"三想"，组织成员消除对怪诞思维的陌生感和恐惧感。同时，成员练习提升语言叙事能力。

◎ 写莎士比亚戏剧。莎士比亚的戏剧浓缩了他那个时代社会文化心理活动的模式。学习莎士比亚模板化能力，用少量的戏剧模板去涵盖探索创新过程的社会关系和社会心理。借助莎翁戏剧对人物心理冲突的格式化描写，如《王子复仇记》，把危机事件的震撼敬畏效果生动地烘托出来。它方便管理者建立"探索定见"。

◎ 编写好莱坞电影脚本。好莱坞的电影脚本有格式塔般的叙事文本结构。大部分好莱坞电影都有一个固定的格式。风格上，无论是动作片、剧情片还是科幻片，好莱坞电影通常演绎千篇一律的英雄故事：英雄默默无名，过着无聊平凡的生活，恶魔出现，英雄拒绝高尚，人间悲情发生，英雄不得已面对恶魔，英雄颓丧退隐山中，觉醒事件发生，英雄与恶魔生死决斗，命悬一线的绝望境地，神秘力量出现，英雄战胜恶魔，彰显正义和仁爱。好莱坞的格式让复杂的制作过程有了一个因循易演的程式化常规活动（Routines）。发现和利用常规是好莱坞管理复杂性的成功诀窍。例如，我们常常说"好莱坞结局"，它指的就是一种常规，即圆满结局。组织探索创新的叙事脚本时，好莱坞格式可以模仿。

◎ 四种辩论方法。我们可以运用四种辩论形式提高建立双元组织定见的语言叙事文本。它们包括林肯—道格拉斯二人辩论、反驳辩论、一次反驳辩论和俄勒冈—牛津式交叉提问辩论。辩论帮助我们精确使用叙事逻辑，生动表达观点，并敏锐辨别对方的漏洞。与辩论相关的叙事能力越强，我们越能理解和接受双元组织的两种定见。

上述方法风格不同，但都为一个目的服务：结合危机材料，植入和建立"探索"的本能定见。一旦在语言叙事文本方面熟悉"探索"的逻辑和价值，组织成员能逐渐培养接受"虚拟真"的积极态度。当"虚拟真"的事实数据建立起被感知评估的同等心理地位后，组织成员对不确定、不可预测、陌生、偏差的排斥设定也会改变。按照神经科学的研究，前提设定改变后，人们的焦虑感降低，兴奋感提高，探索创新的意愿也随之增强。

结论：虚拟真的实践

只有建立"利用"和"探索"的本能定见，才有建立真正意义上的双元组织。这是本文核心要点。从语言叙事文本理论出发，笔者发现"利用定见"自然排斥探索创新。建立共生的"探索定见"是启动双元组织的重要活动。结合神经科学研究，笔者建议将危机临界体验激发的震撼敬畏效果植入"探索定见"。为巩固"探索定见"，虚拟可能世界的真切性必须与实现的具体世界有同样的、一致的评价体系。文学叙事的方法可以中介"虚拟真"和"现实真"。在"利用定见"和"探索定见"共生背景下，产品创造过程也被解放出来。有形产品是无形价值的载体和媒介，是信物。

星云大师一向信奉"虚空生万有"。他写下有名的偈语："四大皆空示现有，五蕴和合亦非真。"实现界的产品就是"示现有"的"现实真"。虚可界对商业价值的叙事文本就是"五蕴和合"活动。双元组织实践是持续的"虚空生万有"活动。

7 生态型组织：物联网时代的管理新范式

组织是人们创造价值的载体，任何人要想做出卓有成效的业绩，都需要健康的组织环境和机制，因为组织的环境和机制会影响和塑造人们的行为。那么，在物联网时代，应该坚持什么样的标准来设计生态组织？什么样的生态组织形式是有效的？是更有利于价值共创的？

——曹仰锋 | 文

1999年，美国麻省理工学院（MIT）的凯文·阿什顿（Kevin Ashton）教授首次提出物联网这一概念，起初并没有引起人们过多的关注，最早的物联网仅仅是依托射频识别（RFID）技术的物流网络。后来，随着人工智能、云计算等技术的兴起，物联网对许多行业的颠覆和重塑超出了人们的想象，当然，其中也包括对组织与管理模式的重塑。2016年9月，日本软银公司以320亿美元收购了英国芯片设计公司ARM，这是全球科技领域最大的并购交易之一，也是物联网发展过程中的里程碑事件，似乎在向全世界宣告：人类已经进入物联网时代。因此，2016年被定义为物联网发展的"元年"。

海尔集团董事局原主席张瑞敏认为，物联网是第四次工业革命的"核心动力"。与之相对应的，第一次工业革命的动力是蒸汽机，第二次工业革命的动力是内燃机和电力，第三次工业革命的动力是互联网。工业革命的升级也推动企业管理模式的升级，第一次和第二次工业革命中的企业主要是线性企业，面对的是一个单边市场，一对一交易。企业生产的产品找到顾客，顾客买到产品，交易就完成了。在互联网时代，市场是双边或者多边的，企业是平台企业，如淘宝等电商平台。而在物联网时代，万物互联，企业的核心特征将是生态型组织。

组织是人们创造价值的载体，任何人要想做出卓有成效的业绩，需要健康的组织环境和机制，因为组织的环境和机制会影响和塑造人们的行为。接下来的问题是，在物联网时代，应该坚持什么样的标准来设计生态组织？什么样的生态组织形式是有效的？是更有利于价值共创的？

基于对海尔、华为、阿里巴巴、腾讯、苹果、亚马逊、谷歌、丰田等世界级企业在物联网时代组织与管理模式转型的研究，本文将对生态型组织的标准和设计原则进行阐述，并为向生态型组织转型的企业提供具体的建议。

在生态战略的指引下，本文所研究的这些世界级企业都致力于打造生机勃勃的生态型组织。笔者发现尽管以上每家企业的组织结构看起来都不完全相同，但这些生态型企业在推动组织变革时都遵循共同的组织标准，这些基本的组织标准重塑了我们对组织结构、组织权力、组织边界、决策模式的认知。

图1展示了生态型组织的四个共同标准，笔者将其称为"ABCD标准"，即敏捷性、生物适应性、信任与决策灵活性。

A Agile，敏捷性：敏捷力的生态组织
B Biological，生物适应性：生物型的生态组织
C Creditable，信任：信任是基石
D Decision，决策灵活性：以灵活决策为中心

图1　生态型组织的共同标准：ABCD标准

没有敏捷力，就没有未来

生态型组织的第一个标准是敏捷力，它是组织对挑战、机会和问题进行快速反应和灵活应对的能力。为什么组织需要敏捷力？一个显而易见的原因是在当前的物联网时代，竞争环境

高度动态和不确定,不管是竞争对手的策略,还是顾客的需求,以及技术的革新,一切都变化得太快,老态龙钟式的组织已经越来越无法适应这种快速的变化。在高度动荡的生存环境中,一个组织的敏捷力决定了这个组织的生命力,对外部变化反应僵化、迟钝的组织越来越没有生存的机会。

没有敏捷力,就没有未来。亚马逊的创始人杰夫·贝索斯将提高组织的敏捷力视为自己的核心任务,他向所有顾客公开自己的电子邮箱。当接到顾客的投诉时,他不仅自己阅读来信,还将这些邮件转发给亚马逊的相关员工,并加上一个符号:一个大大的问号(?)。员工一旦接到贝索斯转来的投诉邮件,就会立刻行动起来,不仅需要拿出解决顾客投诉的方案,更需要找出顾客投诉的原因,并将这些处理结果呈报给贝索斯本人。这种做法不仅让贝索斯能够听到顾客的声音,而且大大提高了亚马逊的敏捷力。

贝索斯的这种做法值得称赞,但仅靠CEO一个人是无法提高组织敏捷力的,贝索斯的策略是示范性的,更多的是彰显亚马逊的战略导向和企业文化。敏捷力和领导力有关,但它更多的是嵌入组织结构之中,是组织机制的产物。在一个敏捷性组织中,良好的领导者和良好的组织机制都是必不可少的。企业设计组织时,需要在以下两个方面重新设计。

第一,重新设计组织层级。组织层级是组织设计领域的一个老生常谈的话题,似乎没有什么新意,但它是影响企业敏捷力的核心要素。一个组织要想提高敏捷力,就必须减少组织层级,这是一个不争的事实,也毫无学术讨论的空间和价值,但这一策略却让人难以接受，不是因为这个策略背后的逻辑有多么复杂，而是它涉及每位管理者的自身利益，管理者不是不理解减少组织层级的好处，而是"故意不理它"，还装出缺乏知识和能力的样子，声称不如请一名外部顾问或者外部咨询公司帮助企业缩减组织层级，这只不过是拙劣的"责任外移"的表演罢了。

在任何一个大型组织中，每一个层级都被许许多多的管理者占领着，他们为自己搭建一个个舒适的"领地"，独自享受着下属从一线市场中淘来的各种"贡品"。这些"领地"也是"信息过滤站"，他们会把有利的信息传递给自己的主管领导，把不利的信息封存起来。信息的失真或者不完整，让高层领导者无法快速、正确地做出决策，最终的结果是企业的敏捷力日益下降。

海尔在构建生态组织的过程中，最大的一个痛苦就是减少组织层级。张瑞敏感受到了巨大的压力，"把组织压扁了，这个任务是非常繁重、非常困难的，特别是在中国"。的确，在组织扁平化的过程中，分流、裁减中层管理者，对每一位CEO来说都是极大的挑战。在传统的组织中，中层管理者是中流砥柱，他们担负着承上启下的作用，当组织不断地被扁平化时，受到冲击最大的就是中层管理者。海尔没有采取生硬的裁员措施，而是鼓励原来的中层管理者在海尔平台上创业，成立小微企业，融入海尔生态圈。海尔的生态组织只有三种人：平台主、小微主、小微成员，这打破了传统的科层式管理结构，不再存在传统组织意义上的上下级的关系。

第二，重新设计组织形式。传统组织大多是由事业部、职能部门组成，事业部职能部门是科层式组织结构下的标准组件。这种模式的普遍问题是，"作战单位"规模过大，不灵活，不敏捷。比如，在大型企业中，一个事业部通常有数千人，小的部门也会有数十人，这样的"大军团"，行动起来有时非常笨拙。

华为、阿里巴巴等，都不约而同地探索新的组织形式，它们组织形式的共同特点是：大平台+小团队。

比如，华为在一线采取的是"铁三角"模式，它本质上是一个灵活敏捷的小团队，主要由三个职位组成：客户经理、解决方案经理、交付专家。客户经理负责维护客户关系，掌握客户的核心需求和价值诉求点；解决方案经理负责根据客户需求制订解决方案，并需要保证解决方案具有竞争力；交付专家负责根据解决方案和合约实施、交付。当然，仅靠这三个职位组成的"铁三角"无法给客户提供具有竞争力的解决方案，华为着力打造平台能力以支持铁三角团队的运行。其中，"资源池"就是平台能力的重要组成部分。华为在各层级的市场组织中都构建了资源池，分为代表处资源池、地区部资源池和公司资源池三层。这些资源池是按照专业分工的，比如，有负责交付的资源池，有负责解决方案的资源池等。

和华为一样，阿里巴巴也看到平台能力对敏捷性团队的价值。2015年年底，阿里巴巴启动"中台战略"，这一战略的核心目标是构建"大中台、小前台"组织机制和业务机制。在"中台能力"建设上，阿里巴巴集合整个集团的运营数据能力、产品技术能力，以加强对各前台业务的支撑。小前台，就是一线的业务团队，这种团队规模尽可能地小一些，在中台的支持下，前台一线团队会更敏捷、更快速地适应瞬息万变的市场。

"大平台+小团队"这种新型组织形式，是提高组织敏捷力的最佳实践。一线小团队面对顾客，需要灵活应对问题，需要灵活决策，满足顾客瞬息万变的需求，更需要及时应对对手的竞争策略。小团队之所以作战能力强、敏捷性高，是因为有强大的平台支持，否则一线团队就会在孤立无援中迅速溃败。平台需要支持前端的小团队迅速掌握信息，快速做出判断，敏捷地调度中台，甚至后台的力量，从而引领整个组织为顾客创造价值。

生物适应性：衡量组织的适应与开放

生态型组织的第二个标准是生物适应性。近几年，企业界越来越多地开始借用生物学领域的知识，试图解决社会组织中存在的管理问题。比如：流传甚广的"商业生态系统"就是来自自然界"生态系统"这一概念；还有一些学者提出了"生物型组织"的概念。这是一个好的开始，意味着管理者、组织管理专家越来越将组织视为一个有机的生命体。

"生物适应性"不是一个时髦的标签，它可以衡量组织的适应能力、开放能力。腾讯公司创始人马化腾在2014年的一封信中，提出腾讯要转型为生物型组织，他认为适应能力强的生态组织会不断演化出自主进化、自主生长、自我修复和自我净化的能力。柯达，胶片影像业曾经的巨头企业，被数码革命给颠覆掉了，但令人啼笑皆非的是，柯达是数码相机的发明者，但这一技术在柯达内部被束之高阁。柯达的失败是组织僵化、缺乏适应性导致的。

一个有机生命体，首先需要有适应能力。适者才能生存，这是大自然的法则。社会组织也遵循"适者生存"的基本原则，组织只有适应外部的变化，才能长期生存下去。因此，高度的适应性是组织变革应该考虑的重要标准。

但问题是，适应性是能够设计出来的吗？我们在设计某种组织结构时，是否会问：这种结构有适应性吗？如果在静止的状态中分析某种组织结构，很难得出其是否有适应性的结论，所以只能从动态角度分析某种组织结构是否有适应性。在A时点上适应性强的结构，未来在B时点上未必有适应性。为了提高组织的适应性，企业必须不断地对组织结构进行变革，变革的动力来自对外部经营环境变化的应对。

从1982年开始，丰田持续推动组织机构变革，每三年就会对组织进行一次较大规模的调整。"如果三年内毫无改善，公司就一定会垮掉"，这是丰田汽车内部流传甚广的一句话。1989年，丰田开始推广"扁平化"管理，大幅压缩管理层级，提高组织整体适应力。到了2013年，丰田汽车开始实施战略业务事业部（SBU）组织形式，将汽车事业按地区分为四个SBU，进一步放权，增加各事业部的决策灵活性以适应各地区顾客的不同需求。2016年，丰田根据车型对组织进行重塑，按照汽车种类设定不同的业务事业部。丰田汽车每一次组织变革的目的，都是努力塑造"更小的丰田"，提高组织整体的适应能力。

适应性强的组织必须是开放的组织，开放与封闭相对应，都涉及组织的边界。任何一个组织都存在三种边界：垂直边界、水平边界和外部边界。垂直边界，又称为"纵向边界"，这种边界和企业的管理层次和职位等级有关。企业的管理层级和职位等级越多，垂直的边界距离越大。水平边界，也称为"横向边界"，这种边界的产生与部门的设计和工作专门化程度有关。横向的部门越多，工作的专业化程度越高，水平边界的距离就越大。第三种组织边界是外部边界，是企业与顾客、政府、供应商等外部组织之间的边界，它定义了企业自身的角色。构建开放型的核心，实际上就是在垂直边界、水平边界和外部边界三个方面同时展开。

在物联网时代，万物互联、人物互联，企业尤其需要不断加大组织的开放力度，因为它们都需要与外部环境互动。从外部环境中获取资源，吸收能量，经过内部加工和管理过程，这些资源和能量被转化成新的产品或服务，然后这些产品或服务被输送给外部环境中的组织，以此换取更多的资源和能量，从而维持企业自身的生存和发展。

企业的开放性并非指企业边界的消失，而是指企业的边界必须是可渗透的、开放的，即拥有"可渗透的边界"。边界的可渗透性越强，组织的开放程度越高。反之，组织的边界不具有可渗透性，这样的组织便是封闭式组织。

管理者可以根据组织边界的"可渗透性"这一标准衡量

自身组织的开放程度。对于无边界组织而言，信息、资源、创意、能量应该能够快捷顺利地穿越组织的垂直边界和水平边界，使整个企业内部的各部门真正融为一体。同时，外部环境中的资源、信息和能量也能够顺利穿越组织的外部边界，使企业能够和外部环境融为一体。

从这个意义上看，无边界组织不是完全取消边界的组织，而是高度开放的组织。尽管杰克·韦尔奇再造通用电气时提出了"无边界"的理念，但是他所设想的无边界公司是：把内部的围墙推倒，将各个职能部门之间的障碍全部消除，工程、生产、营销以及其他部门之间信息能够自由流通，完全透明；把外部的围墙推倒，让供应商和用户成为一个单一过程的组成部分；推倒那些不易看见的种族和性别藩篱；等等。韦尔奇进行组织变革的目的是想推倒各个部门之间的"围墙"，而不是消除部门本身的存在。

当横亘在各个部门之间的"围墙"被推倒，组织的边界就模糊化，这时的组织边界被形象地称为"隔膜"。"隔膜"一词来源于生物学，每一个生物有机体都拥有一个隔膜，使之具有独特的外形。虽然生物体的这些隔膜有结构和足够的强度，但是并不妨碍食物、血液、氧气、化学物质畅通无阻地穿过。当组织变成无边界组织时，其边界就成为"隔膜"，既保障了组织的完整性，又使信息、能量、资源等要素快速而轻易地穿透和转移。

海尔在推动组织变革时，明确提出两个"零距离"标准，即顾客零距离、协同零距离。前者主要用于衡量海尔外部边界的"可渗透"程度,后者则衡量海尔内部垂直边界和水平边界的"可渗透"程度。张瑞敏指出,"人单合一"管理模式的本质是"对外建立一个有机、动态的网络组织去黏外界迅速变化的需求网并创造价值"。在没有互联网的传统时代,顾客和企业之间的距离非常远,顾客与企业的边界相对清晰,顾客很难知道所有企业的信息,选择的主动权较弱,信息不对称的主动权主要集中在企业手里,顾客的决策更多地被企业所左右。而互联网时代的到来,颠覆了企业和顾客之间的关系,使二者之间的"零距离"成为可能,顾客通过互联网几乎可以看到所有企业和产品的信息,其选择的主动性大大增加,信息不对称的主动权转交给顾客了。而企业唯一的选择就是其"创新的速度要跟上顾客点击鼠标的速度"。张瑞敏将海尔与外部顾客的"零距离"作为组织变革的首要目标,以使海尔能够满足顾客的个性化需求。

对许多企业而言,如何提高内部的协同性一直是一个非常大的挑战,海尔也不例外,"协同零距离"就是为了解决这一问题。组织内部的协同性不强是创造力和绩效的最大杀手。从垂直边界上来看,上级领导和管理者容易紧握权力不放,多以指挥者的角色出现;从水平边界上来看,各个部门紧紧地防守自己的地盘,咬定自己的利益不放松。"协同零距离"就是要打破这种"筒仓式"结构,让信息、资源等在不同层级之间和部门之间顺畅地流动。

张瑞敏要求海尔内部"协同零距离",实际上是向既得利益者发起挑战,让位高权重的人交出权力和资源,并把权力和资源交给真正需要的一线员工。同时，这一标准也向管理者的传统角色发起挑战。在传统的组织体系中，上下级的关系和边界区分得非常清晰，海尔要做的是打破传统的层级管理，用"契约关系"代替"上下级关系"。"契约关系"的建立使海尔内部"协同零距离"成为可能。"契约关系"的本质是价值和利益的交换，在这种关系中，"适者生存"是最高的原则，只有能够提供价值的部门和个体才能够存在。由于海尔内部各部门之间互为客户，连接部门之间的关系是"契约"，这种关系使得各部门之间建立了相对平等的关系。

在"顾客零距离"和"协同零距离"两个标准的要求下，海尔正在搭建两个大网络：个性化的顾客需求网和基于节点的开放式网络组织。海尔组织变革的核心目的是促进这两个网络组织能够融合在一起，实现两网相融，无缝对接。这就意味着，海尔内部网络组织中的某一个节点，所具体对应的可能是市场某一个产品线或者某一个社区，最终形成全动态的生态组织。

信任：生态组织绩效与繁荣的基石

生态型组织的第三个标准是信任。"信任"这个词有被滥用的嫌疑，许多领导者将"信任"挂在嘴边，可一转脸，就把这个词忘记得一干二净，以至于有些员工已经不相信"信任"的力量了。

尽管有些管理者滥用了他人对他们的信任，但是，不能因此而把信任"束之高阁"。事实上，管理的基石是信任，信任也是繁荣的基础。社会学家弗朗西斯·福山（Francis Fukuyama）逐一分析美、法、德、意、日、韩以及华人文化传统及其经济活动特色，详尽而细密地考察了社会信任度在各国经济生活中的角色。他发现经济行为是社会生活中至关重要的一环，它由各种习俗、规则、道德义务以及其他各种习惯连缀在一起，塑造着社会。福山的结论是：一个国家的繁盛和竞争力是由某一普遍性的文化特征所决定的，即社会本身所固有的信任程度。

信任是一个生态型组织繁盛和竞争力的基础，它嵌入组织的各种规则、制度、文化规范之中。和传统的机械式组织不同，生态型组织包含了各种各样的参与主体，各个主体不是靠传统组织的权力和命令来约束，而主要是以价值契约进行约束。契约是刚性的，是硬实力；而信任是柔性的，是软实力。契约与信任构成生态型组织治理的两大机制，刚柔相济，缺一不可。

信任不会凭空而来，诚信是塑造信任的基石。马云将"诚信"视为阿里巴巴最核心的价值观，认为诚信是世界上最大的财富。早在阿里巴巴创业初期，马云就给公司制定了两条基本规则：第一，永远不给客户回扣，谁给回扣一经查出立即开除，否则客户会对阿里巴巴失去信任；第二，永远不说竞争对手的坏话，这涉及一个公司的商业道德。当然，马云对"诚信资产"的开发并未止步于此，2002年3月，阿里巴巴推出"诚信通"，给商户建立诚信通档案，提出要让诚信的商人先富起来！后来，马云基于诚信体系创建支付宝，这是阿里巴巴"电子商务业务的一个里程碑"事件,突破了长期困扰中国电子商务发展的诚信、支付、物流三大瓶颈。

张瑞敏同样重视诚信对海尔生态系统繁荣的影响。2017年,海尔将企业精神修改为"诚信生态 共享平台",在这之前的三十多年里,海尔一直将"真诚到永远"作为企业精神。张瑞敏认为在以体验经济为核心的后电商时代,诚信是比流量更重要的资产,是商业生态系统的基因。海尔并没有把诚信视为一个孤立的企业所应该坚守的核心价值观,而是要塑造一个诚信生态。只有整个生态诚信,用户才能得到诚信体验,生态中各个节点才能共同创造价值并分享价值,生态圈才能越来越大,最终赢得体验经济中的终身用户。

在海尔的诚信生态系统中,"日日顺乐家"是一家小微企业,它的战略定位是构建以用户为中心的"触点网络+社群生态"的共创平台,商业模式是集小管家、社群、场景商务于一体,主要满足用户家电、家政、快递和健康食品等四大核心需求。已经在中国100个城市建立3.5万个社区触点的网络,拥有专属社区服务的小管家3.6万名,小管家围绕用户的需求与用户深入交互,为平台5100多万用户提供不同的解决方案,这一模式的核心就是通过构建信任体系,打造一个社群共赢生态圈。

管理即决策

生态型组织的第四个标准是决策灵活性。在诺贝尔经济学奖获得者赫伯特·西蒙看来,组织就是一个决策系统,有效的组织应以正确的决策为基础,他进而得出一个著名的结论:管理即决策。

决策是由人来完成的,只有正确的人才能做出正确的决策。有效的组织设计,首先需要明确的问题是:谁是正确的决策者?

但是,这个问题常常令人困惑,我们通常会把领导者、管理者直接等同于决策者,这恰恰是对"谁是决策者"这一问题的最大误解。组织无效性的症状之一就是决策者的职责模糊不清,正确的问题找不到正确的决策者。

在进行生态组织设计时,需要坚持一个基本原则,必须就正确的问题由恰当的组织层次来做出决策,必须使决策转化为工作和成就。如果一种组织结构使得决策必须由组织中尽可能高的层级来做出(而不是由尽可能低的层级来做出),这种组织显然是一种障碍。

这种组织障碍的表现是"决策上移",高层领导者忙于应付,疲惫不堪。来自组织基层的问题和决策需求就像泉水一样,从地下不断涌现出来,源源不断,最终决策的负担都交给了高层领导者。

解决这一障碍的主要措施是划清决策的职责和界限,一个重要原则是"把决策转化为个人对工作和绩效的承诺"。比如,海尔推行"自主经营体"模式时,整个组织分为一线经营体、平台经营体和战略经营体,在这三个不同的经营体之间,清晰地界定出每一个层级经营体的决策范围,不允许"决策上移",要求每个层级的自主经营体都需要做出自己职权范围内的决策。

如果管理者不能解决"决策上移"这一问题，它将带来的负面影响是，组织中重大决策的需要会变得模糊不清，似乎什么事情都需要高层领导者决策，最终的结果是，高层管理者不能将主要精力集中于最核心的问题上，这对组织长期发展的影响将是深远的。

有效的生态组织设计需要问答的第二个问题是：如何做出有效的决策？

有效的决策包含三个基本要素：信息、权力和责任。

首先，信息为决策提供依据和灵感。丰田汽车信奉"现场有神灵"，鼓励管理者到现场去解决实际问题。如果领导者只是坐在摩天大楼里，失真的信息往往让决策者难以快速、果断地做出决策。

其次，权力为决策提供保障。让一个没有权力的人进行决策，对他而言是个莫大的侮辱。

最后，责任是决策的结果。组织无效性的一个重要症状是找不到承担决策责任的人，没有责任，决策就会轻率。

因此，设计组织时，必须思考的问题是：组织结构是阻碍了决策，还是强化了决策？决策者真的有信息、权力和责任吗？

平台分权制：生态组织的新范式

以上讨论了世界级企业在组织变革、构建生态组织时坚持的四个标准，但是是否有一种最好的组织形式来适应当下物联网时代的挑战呢?

组织结构没有所谓的"好"与"坏",组织结构最大的功能是实现企业战略。因此,企业战略不同,组织结构也不同。不能企图设计出一个看起来非常对称、完美的组织结构,这只是自欺欺人罢了,满足的只是管理者吹嘘的需要。在设计组织结构时,需要考虑的是敏捷力、适应性、开放性、信任,以及决策的有效性和效率的最大化,这样的组织结构才是最合理的。如果组织结构不合理,它的绩效肯定会非常差,因为不合理的结构会导致内部摩擦和挫折,让管理者的注意力不得不集中在错误的问题上,加剧矛盾和冲突。合理的组织结构是企业取得良好绩效的先决条件。

在过去的100多年里,管理专家、管理者付出了艰辛的努力,孜孜以求"合理的组织结构",迄今为止,至少可以看到有三种适合于不同时代的"合理的组织结构",管理大师彼得·德鲁克将这三种组织结构类型分别定义为:职能分权制、联盟分权制和模拟分权制。

职能分权制大约诞生于1910年,法国实业家亨利·法约尔在深入研究制造企业的各种职能之后,提出了职能分权制。这种组织结构"以任务为中心",最大的优点是:任务比较清晰,每个人都有一个明确的职位,能够清晰地知道自己的工作任务清单,根据职位明确界定权力,执行力比较强,比较适合高度稳定的工作环境。但是,职能分权制有很大的不足:敏捷力弱,结构僵化,适应能力不强,组织相对封闭,对员工的信任感弱,决策权主要集中在高层管理者手里。对于多元化的大型企业而言，职能分权制显然已经不能发挥更大的价值，这种结构比较适合产品单一的小型企业，尤其是制造类小型企业。

1920年前后，阿尔弗雷德·斯隆在重组通用汽车时，创造了"联邦分权制"，这种组织结构"以成果为中心"。第二次世界大战后，联邦分权制被广泛应用到大型企业之中。"成果"和"业务单元"是联邦分权制中最为关键的两个概念。所谓"成果"就是指绩效，主要表现为可衡量的收入和利润；所谓业务单元，是指能够独立面向市场且直接创造利润的机构，类似通常说的"事业部"，它至少拥有两个核心特征：必须拥有自己的市场和必须向公司直接贡献利润。德鲁克指出，最理想的业务单元就是一家独立、完整的企业。

联邦分权制的核心思想是赋予各个业务单元自治权，每个业务单元都要对自己的工作绩效、成果负责，每个业务单元都有自己独立的职能管理部门。说到底，这是一种松散、分权的自治模式，解决了大规模、多元化企业权力和资源过于集中的问题，让各个业务单元的管理者集中精力创造自己单位的绩效和成果，减少与集团母公司在目标、资源和权力上的博弈。和职能分权制相比，联邦分权制似乎响应市场的能力更加敏捷，但由于在每个业务单元内部，通常又设计了集权式的职能部门，这种"联邦+职能"的分权模式并未让组织敏捷力有较大的提高。在公司整体层面来看，对业务单元的放权，可以让各个业务单元更加灵活地适应自己市场的变化，提高其适应能力，企业更加开放。从信任的角度来看，联邦分权制采取的是多级信任体系，在事业部层面，管理者的信任度大大提升，但在一个具体的业务单位内部,组织信任和职能分权制相似,没有太大的改善,决策权依然集中在业务单位的核心管理者手里。

模拟分权制是联邦分权制的一种变形和补充,企业采取这种组织结构时,把本来不能成为业务单元的部门视为业务单元,赋予它们尽可能多的自治权,让它们拥有自己的管理职能部门,而且至少让它们承担模拟的利润和损失责任。它们之间用内部转移价格互相购买和销售产品,而这些价格是由内部行政命令决定的,不是由外部市场决定的。或者,它们的利润是由内部成本分摊决定的,通常是在成本的基础上加上一定的标准费用。

在德鲁克看来,联邦分权制是一种"最优化"的组织形式,而模拟分权制是在不能符合联邦分权制的严格要求时所选用的"害处较少"的办法,在一家大型企业的各个部门既要相互合作,又要承担各自责任的这种情况下,模拟分权制可能是最适合的组织设计原则。

从本质上来看,模拟分权制是"以契约为中心"的组织结构。在这里,契约是组织内部对各业务单位"模拟成果"的约定。由于模拟分权制中的业务单位并不是真正有独立市场的业务单位,它们的成果并不是真正由市场绩效决定的,在很大程度上是内部管理决策的结果,即"成果"是由内部契约约定的。所以,模拟分权制和联邦分权制相比,在敏捷性、生物适应性、信任和决策灵活性等方面并未有大的改变和提升。

职能分权制、联邦分权制和模拟分权制是管理1.0至管理3.0时代的成果,但它们并不仅是历史概念,事实上,它们的影响依然很强大，直到今天，依然有许多组织在使用这三种模式。但是，不得不说，这些传统的机械式组织模式正在遭受越来越严峻的挑战，面对新技术、新范式的蓬勃发展，在管理4.0时代，企业需要支持创新与发展的新型组织形式。在这些传统的机械式组织中，墨守成规的文化让"创新"很难获得足够的资源和支持，甚至创新会因为与组织过去的战略、优势相冲突而被排斥，因为这些传统的机械型企业追求的是精准、控制和可预期，创新难以找到生存空间。

海尔、阿里巴巴、华为、谷歌、亚马逊等世界领先企业创新了一种新型的组织形式，沿用德鲁克对组织形式的定义逻辑，笔者将这种新型的组织形式定义为：平台分权制。

平台分权制是对联邦分权制、模拟分权制的升级与创新，在这种组织结构中，核心的组织形式有两级，即"平台+自治单位"。其中，平台包括两个层级，即"后台"和"中台"，自治单位是具有高度自治权的"小微企业"，又被称为"前台"。

图2展示了平台分权制组织的结构，组织被高度扁平化为"后台+中台+小微企业（前台）"三级结构。

下面，分别解释这三个基本组织要素。

后台是整个生态组织的"黑土地"，赋能整个生态系统中的小微企业，主要由基石平台组成。比如，海尔的COSMOPlat平台、阿里巴巴的阿里云、谷歌公司的安卓系统、苹果公司的iOS系统、亚马逊的AWS云平台、西门子的MindSphere平台、丰田汽车的MSPF云平台等，都是各自生态系统的"黑土地"。

● 团队
● 小微企业

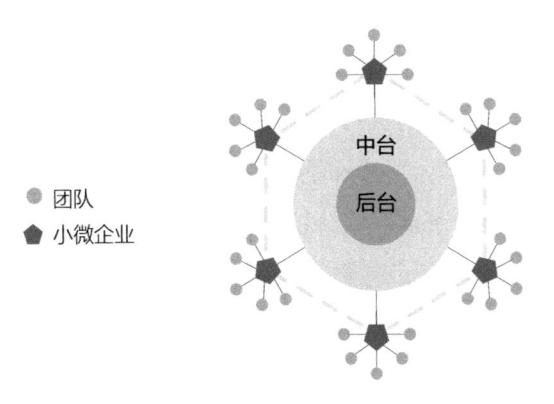

中台
后台

图2 平台分权制组织形式示意：后台、中台与前台

中台主要是指集成的共享平台群，为生态系统中的小微企业提供能力支持和服务，这些平台主要包括应用技术平台、数据服务平台和管理职能平台。

前台是指直接面向顾客的小微企业。这些小微企业包括两类：第一类是具有独立所有权的企业，第二类是虚拟小微企业。前者实质是一家独立的企业，后者则属于虚拟独立核算的单位。

下面来看看阿里巴巴如何从联邦分权制向平台分权制转型。

2013年，阿里巴巴进行了一次大的组织调整，核心是实施联邦分权制，将集团业务分为9个业务单元，每个业务单元下设事业部，共设立25个事业部，这是典型的联邦分权制，组织架构是传统的树状结构。2015年，阿里巴巴再次对组织进行大幅度调整，建立"大中台、小前台"运营机制，将此前的"树状"组织结构改为"网状"组织结构，成立"中台事业群"，将数据、搜索等技术平台以及相关职能平台整合为"大中台",对前台各业务模块提供整合支持。所谓"前台"就是贴近最终用户和商家的业务部门,包括零售电商、广告业务、云计算、物流以及其他创新业务等。

海尔也经历了从职能分权制、联邦分权制、模拟分权制向平台分权制的转型,它的组织结构是:强后台+大中台+小前台。COSMOPlat是整个海尔生态系统中的强大后台,为所有小微企业提供赋能支持;海尔将财务、人力、采购、信息化等职能集合,成立大共享平台,直接为一线小微企业提供服务和支持;海尔的生态系统中有数千家小微企业,这些小微企业相互协同,共同为用户提供价值。

平台分权制是一种高度扁平化的网络结构,让企业变得更加敏捷和灵活,同时赋予各个小微企业更大的自主权,通过后台和中台为小微企业提供支持,组织信任度更高。敏捷的结构也大大提高整个组织的适应能力和开放能力,让大象也能跳舞,把"大企业做小"的组织原则使得这些企业能够快速适应外部环境的变化。决策权下移到具有自治权的小微企业,提高决策的效率和质量。

表1对四种分权制形式进行比较。和其他三种分权制模式不同的是,平台分权制"以价值为中心",这里的价值既包括定量的经营成果,如收入、利润等,又包括定性的经营贡献。对于独立且具有市场功能的小微企业而言,主要衡量它的经营成果;而对于非市场功能的小微企业而言,需要衡量它的主要贡献或者虚拟的"成果"。

表1 四种分权制组织形式的比较

维度	职能分权制	联邦分权制	模拟分权制	平台分权制
核心特征	以任务为中心	以成果为中心	以契约为中心	以价值为中心
A-敏捷性	+	++	++	++++
B-生物适应性	+	++	++	++++
C-信任	++	+++	+++	+++++
D-决策灵活性	++	+++	+++	+++++
备注	"+"表示每一种组织形式符合ABCD四种标准的程度，"+"越多表示符合程度越高。最低为一个"+"，最高为五个"+"。			

尽管最好的管理范式并不能保证获得理想的结果和绩效，但错误的组织结构和管理范式必然导致糟糕的绩效。平台分权制是生态组织的结构和模式，它有助于大型企业构建充满活力的生态系统，笔者预言未来的组织都会逐步向"后台+中台+小微企业+团队"四级模式演进。

8 天生具备,还是后天培养?
——组织中的即兴能力开发

世界瞬息万变,唯创新不破。创新是企业进步的原动力。企业如何以创新谋求发展?学者结合爵士乐和戏剧给出了答案。如果爵士演奏者或是戏剧演员能够一边即兴创作一边创新,组织中的个人或团队是否也能做到?如何做到?

——何辉 肖慧芹 | 文

"问渠那得清如许？为有源头活水来。"文化变迁，经济发展，世界瞬息万变，唯创新不破。创新是企业进步的原动力。企业如何以创新谋求发展？学者结合爵士乐和戏剧给出了答案：每场爵士乐和戏剧都是一场即兴演出，演出内容随着人和事物的变化、适时调整，正是这种多变的即兴性赢得了人们的喜爱。如果爵士演奏者或者戏剧演员能够一边即兴创作一边创新，组织中的个人或团队是否也能做到？更进一步，即兴的发挥要想取得成功，组织是否需要创造一个安全支持性的环境？

本文的目的在于探讨组织中即兴能力的开发，首先验证即兴的"习得性"特征，这为即兴培训提供理论依据；其次借鉴戏剧即兴的表演原则，构建即兴能力培训的基本体系框架，包括即兴意识培训、即兴能力培训的原则和主体内容；最后从组织角度提出如何为员工即兴能力的发挥创造良好环境。

组织中的即兴能力

对组织中即兴行为的早期研究来自维克（Weick）和哈钦斯（Hutchins），他们分别探讨了个人即兴和团队即兴是如何在紧急情况下发挥效用的。维克教授描述了曼恩峡谷（Mann Gulch）火灾中一个有经验的消防员道奇（Dodge）面对扑面而来的大火如何拯救自己生命的个人即兴行为：

大约在5:40左右，道奇看见一条约7米高的巨大火龙以每分钟200米的速度向他们扑来。道奇立即对大家高喊："丢弃工具！"然后他迅速引火烧出一块地，召唤其他人赶紧过来躲在此处烧过的灰烬中。然而，没有人听他的召唤，他的队友既没有丢弃沉重的消防装备，也没有跑过来卧倒躲避火舌；相反，他们掉头奔跑。最后，只有道奇和一名消防队员幸存，后者是因为侥幸跑过一条小桥从而躲过一劫，其余13人都被大火无情吞噬。

哈钦斯则描述了在导航系统损坏的情况下全体船员如何实时开发出新的操作系统并最终到达目的地的团队即兴行为：

没有船员意识到他们的即兴行为，但是他们的集体行动确实使他们实现了目标。当时船上没有一个船员全盘了解他们新开发出的导航系统以及操作规程，他们只是凭借本能以及经验分工合作，最终让船安然无恙地驶进海港。他们都认为，当时的情形下任何一个人都无法做到这一点。

可见，无论是对个人还是对团队，即兴都可被看作一种行为能力，即尝试以新的方式面对问题或机会时自发采取的行动能力。这一界定至少包含以下几个层面的意思：一是即兴能力具有自发性和情境性，它是强调时间导向的"立即反应"，是在自发状态下根据情境由直觉指导的行为；二是即兴能力具有目的性和创造性，是创作和执行有意识的融合，是一种实时调整行为；三是团队即兴大于个人即兴之和，因为个人即兴的总和创造了一种团队即兴的系统。这意味着组织层次的即兴同样可以被看作大规模的团队即兴。如果组织拥有重复可靠的即兴能力，就意味着它已经开发出促进各种即兴行为产生的例行性的做法。这对企业来说是非常有价值的，也是本文研究的重点所在。

组织如何开发即兴能力

回答这个问题前,我们首先要明确:第一,即兴能力不是天生的,而是一种"习得性"的能力,即该项能力是可以通过后天学习获得并提升的;第二,戏剧中的即兴表演完全可以应用到组织即兴能力开发中,尤其是即兴培训中。

即兴能力是一种学习能力

有关能力的研究文献大多提到了操作级、动态级和学习级这三种能力层级。温特(Winter)是这样区分三种层级的:操作能力为零级能力,代表组织挣扎求生;动态能力是一级能力,也是操作能力的直接结果,是指组织适应变化;学习能力是二级能力,也是动态能力的直接结果,是指组织转型升级。操作能力是组织生存的基础,即组织提供标准化的产品或服务以满足同一客户群体的需求。动态能力是指组织改变原有运营方式以适应动态环境的能力,其中最重要的能力是解决问题的能力,即面对动态环境组织如何发展。学习能力是最终的二级能力,也指通过经验积累、知识整合等创建和改变一级的动态能力。

赫尔法特(Helfat)和温特认为这三种层级的能力不存在清晰严格的界限划分,事实上某些能力兼具这三种属性,即兴就是其中的典型代表。在操作层面上,当个人或团队遇到意想不到的问题或机会时,他们能够在不改变目前流程、产品和方法的情况下，实时提供"救火队员式"的解决方案。这种即兴解决方案的操作性极强，但只可能产生短期影响，不会永久改变组织或团队的运作规则。在动态层面上，个人或团队可以即兴开发新的流程、方法和产品，这种新的东西很有可能被保留下来，成为组织或团队已有知识或经验的永久组成部分。在这种情况下，即兴改变了以往的运作方式，体现出强烈的动态性。最后，即兴也可以被看作一种学习能力，即一种隐藏在操作能力和动态能力背后的学习机制。在高速变化的环境中，动态能力通过原创设计、实时信息和实验等体验活动逐步形成。伊森瀚特（Eisenhardt）认为，在创业过程中年轻的企业由于缺乏惯例，必须依靠即兴和边干边学的方式开发自己的动态能力，所以即兴的学习机制本身一定程度上具有系统化和模式化的特征，也是一种动态能力。

既然即兴可以被视为一种隐藏在操作能力和动态能力背后的学习能力，这就意味着即兴能力是一种后天"习得性"的能力，这为后文的即兴培训提供了坚实的理论依据，即组织完全可以通过种种方式方法培养或提升员工的即兴能力。

始于剧场的即兴能力培训

戏剧中的即兴是一种表演方式，演员没有剧本，只是使用预先设定好的角色演出一个高度概括的剧情线；演员们临场发挥并设置场景细节，还要把这些临场对话和场景细节与演出地区结合起来。最著名的即兴剧场是指南针剧团，它是由戏剧治疗大师史波林（Spolin）创建的。史波林的初衷是把剧场游戏用于心理治疗，帮助那些社会地位低下的年轻人开发社交技能并提升自尊。后来，她扩大了剧场游戏的应用范围，在剧场内建立即兴培训中心，专门用来帮助演员提高表演能力。之后，很多即兴剧场纷纷涌现，培养了大量的即兴演员和制作人。

组织中的即兴能力培训在很大程度上来自戏剧表演。比起戏剧即兴，爵士即兴需要更为专业的音乐知识（例如弦、旋律、音调和节奏等概念）；戏剧中的即兴要素几乎与组织日常工作中的即兴要素完全相同，如语言线索，以及手势、姿势、面部表情和形体动作等非语言特征，这些都是人际交往中的基本要素。因此，戏剧即兴中使用的语言和非语言要素等都可以迁移和转化到工作场所中，组织中的任何人都能够体验并学习这些表演经验。

即兴意识的培训

帕夫罗（Pavlou）发现，信息技术（IT）企业的员工首先要有即兴意识，即意识到他们必须经常处于自发状态，才能在紧急情况下迅速采取行动。史波林相信"每个人都能表演，每个人也能即兴"。她用自身教授剧场游戏的经历验证了这句话。她发现不仅演员能够即兴表演，连儿童和在社区工作的不识字的移民也能即兴表演。个人能够通过学习变得更有自发性和创造性。组织进行即兴能力开发首先要真正理解什么是即兴，克罗森特别强调了这一点，他们认为"如果组织没有意识到即兴的必要性，或没有理解即兴应该包含什么内容，那它就没有即兴培训的动力"。

第一，要开发正确的即兴意识，首先要认识到自发性不等于即兴。即兴能力并不是指那些与例行行为无关的临时性活动。温特明确地把即兴能力区别于临时性的问题解决，他认为后者是真正的"非模式"化，而即兴能力则以"模式化和经验化的行为"为基础，是一种"以创新的方式对模式和经验进行重组的微观行为倾向"。有效即兴的背后往往包含很多准备工作以及经验学习。维克教授在分析曼恩峡谷火灾的教训时就旗帜鲜明地指出：

消防队即兴失败是由于之前缺乏训练，想当然地认为曼恩峡谷的火情与一般的火情无异，故采用常规作业方式；而道奇做出的"丢弃消防装备"和"空地卧倒"的指令是他长期工作的经验总结，可惜消防队缺乏团队协作基础，道奇的权威性也没有建立起来。

第二，即兴不一定发生在紧急情境下。即兴能力的开发并不是针对某种特定情境，而是指人们要学会在任何情境下发挥即兴能力。尽管很多文献中的即兴研究都发生在时间紧迫从而引发自发行为的紧急情境中，但是即兴也会发生在日常情境中。例如，奥利科夫斯基（Orlikowski）描述了员工的日常即兴行为如何支持组织采用新技术进而引发渐进式变革：

当组织开始采用新的技术系统时，人们大多惊慌无措。随着对系统的熟悉，人们开始逐渐做出调整行为以适应标准化的操作流程，这时即兴就产生了。紧急情境下的即兴是一种激进式做法。组织中的即兴是一个连续统一体，并不特意区分渐进式和激进式。

第三，即兴并非总是产生积极的结果或更好的绩效。即兴从根本上说没有好坏之分，它可能是高度创新的，也可能是高度混乱的；即兴可能解决一个问题，也可能使它更加恶化。当即兴被看作解决所有问题的万能方案时，管理者可能低估了创造一个支持即兴的环境的必要性。

即兴能力培训的基本原则："是的，并且"

迄今为止，经常被提到的剧场即兴原则是"是的，并且"（yes,and）。该原则要求每一个即兴表演者在舞台上接受、支持并完善搭档的想法，而不是否定搭档的想法。约翰史东（Johnstone）认为，"好的即兴演员之间看起来像有心灵感应一样，好像每件事情都是事先安排好的。这是因为他们接受了对方提出的所有东西。相反，阻碍对方观点的行为被看作一种攻击"。另外，那些被认为是错误的古怪想法也应该被验证并融入场景中；否则，即兴行为就会被打断，表演就会失去其内在一致性。好的演员即使面对意外也会做出建设性的反应，他们对发生在他们眼前的事情掌握主动权，并能提前进行部署。"是的，并且"原则使得演员在即兴发挥时有安全感，他们知道即使冒险也能得到对方的支持。例如，演员可能以下列台词开始一段场景：

"我多希望我带了雨伞,看情形雨还不会停",即兴表演者如果不遵循"是的,并且"这一原则,可能以"没有下雨,这是沙漠,傻瓜"来回应,这种回答会中断演出。牢记"是的,并且"原则的即兴表演者会说"我们都淋湿了,但是我会让你温暖",这种回答既接受了下雨的事实(是的),又为场景增添了有关两人关系的新的信息(并且)。

在组织应用中,科皮特(Koppett)曾分享一个实践中的"是的,并且"案例,该案例描述了跳跳糖的发明过程,这是"是的,并且"原则促进研发人员即兴进而创新卓越产品的典型事例:

联合食品公司正在为新糖果的生产集思广益。在一个头脑风暴会议上,有人提出一个匪夷所思的观点"糖果应该会说话",该观点虽被记录下来,但大多数人都认为荒谬而未理会。然而CEO却接受了这个观点。他与研发人员进一步探讨发现,如果把糖果外壳用二氧化碳包住,当放入水中时,一颗颗糖果就会爆炸,发出"噼里啪啦"的声音,糖果真的会"说话"了。由此,历史上最成功的糖果之一——跳跳糖——问世了。

艾达(Aidan)和斯蒂芬(Stephen)以欧洲三家航空公司新雇用的客舱服务人员为对象,研究了"是的,并且"原则在其入职培训中的应用及影响。该培训分为两个阶段:第一阶段让受训者意识到即兴能力的重要性并自愿参与培训;第二阶段,受训者在专业表演教师的指导下按照"是的,并且"原则作剧场游戏,但之前必须经过观察、倾听和团队建设等环节;最后受训者要接受未来职业生涯可能遭遇的常规或非常规事件的情境训练。结果表明,"是的,并且"原则能够提高受训者面对意外状况时的自信心和舒适感,提升处理突发事件的有效性和应变能力。

即兴能力培训的主体内容

在确定了即兴培训的基本原则之后,我们要解决的问题是培训什么、培训从哪几个方面着手。为回答这一问题,必须首先清楚即兴能力开发的目的在于那些与即兴过程相关的能力,如开发倾听和沟通技能、丰富特定背景的专业知识、营造使组织成员走出舒适圈的氛围,以及促进责任共担的技巧等,这些能力能够增加即兴行为的发生频率。薇拉和克罗森关于团队即兴与创新绩效的研究验证了上述观点,实施的即兴培训侧重创造性、自发性、专业知识以及团队合作的质量。研究人员通常把即兴能力培训的主体内容分为三类:任务技能、自我技能和人际技能。

任务技能。任务技能即指那些为完成特定的工作任务而使用的技能,不包含与他人的相互作用或自我管理。任务技能培训与工作岗位直接相关,需要有详尽清晰的工作说明书。一般采用在岗形式,由一位资深员工充当"导师",受训者模仿"导师"并完成"导师"交代下来的各种具体任务。

自我技能。自我技能是指自我管理的能力,即能够进行自我意识、情绪恢复和自我控制的能力。它和情绪智力相关联，但内涵更加丰富，还包括注意力、创造力、灵活性、自发性、自信心和乐趣等。注意力培训是指在学习工作场所如何高度集中注意力，这实际上是即兴培训的现场感，在现场一直关注对方当下的想法和感受。做到这一点并不容易，可以通过模拟工作场景、设置时间期限和任务目标等方式进行。创造力和灵活性培训符合即兴的基本特征，可以在专业教师的指导下遵循"是的，并且"原则作情境练习。自发性培训能够使人们摆脱已有的束缚，提高工作场所的创造力。自信心是所有创造性和合作性行为的基础，可以通过人格训练、心理调适等方法提升，同时建立支持性的工作氛围。乐趣在组织培训中一直不被看重，其实它是增加情感投入、提升注意力和学习效果的关键因素。舞台上的表演者只有自身感受到乐趣才可能使观众也感受到乐趣，最终带来一场吸引人的演出。专注是乐趣产生的前提，"是的，并且"这一剧场游戏形式本身就能带来乐趣感。

人际技能。人际技能和自我技能紧密相关，只有拥有强大的自我管理能力，才有可能联系、影响和团结他人。霍根（Hogan）等认为人际技能强大的人"看起来会很有魅力、坦然自若、擅长与人共处、亲和力高并且值得交往"。即兴中的人际技能培训强调合作性，因为剧场即兴必须是高度合作的，"是的，并且"原则要求搭档必须接受并延展对方的观点，不论该观点多么匪夷所思，否则表演就会中断。集体即兴超过个人即兴之和，是团队成员相互作用的结果。训练合作性的方式有很多种，最为常见的是体验式培训，即通过成员的体验、分享、交流、整合和应用，最终实现挑战自我、建设团队的目的。

为即兴能力开发创造支持性的组织环境

上文已述，即兴本身没有好坏之分，它也并非总是带来积极的结果或者更好的绩效。即兴发挥作用的前提条件是一个支持性的组织环境。管理者应该如何为员工的有效即兴创造一个安全支持性的环境？本文尝试从戏剧即兴中的实验文化和爵士即兴中的最小结构两个角度给出答案。

实验文化与即兴能力开发

实验文化来自戏剧即兴的"是的，并且"原则，薇拉和克罗森曾建议那些对创新感兴趣的组织把这一原则作为组织文化的一种规范。这意味着组织文化应该鼓励创新、容忍错误，即建立一种实验文化氛围（Experimental culture），以便开发即兴能力。需要注意的是，这种错误是"有能力的"错误——那些来自新想法而不是简单执行的错误。

薇拉和克罗森认为在这种文化氛围下，组织成员面对新事物时，他们知晓他们能够承担风险，因为他们的即兴努力会获得其他人的支持。库尼亚（Cunha）等认为，鼓励行动、反对深思熟虑的实验文化应该作为理解和应对现实中不确定性的方法。实验文化同样也能促进创新，当组织或团队成员感知到的环境是无威胁的和宽容的，他们会采取冒险行为并尝试新方案，即兴行为就会自然而然地产生。

实验文化不仅促进员工即兴能力的运用，也为即兴的成功运用提供了时间、人力和金钱等方面的资源支持。从中长期来看，即兴的多重迭代可能导致积极后果。例如，寻求创新的企业能够接受90%的失败率，只为10%的成功可能性埋单，但他们愿意从失败中学习。当即兴发生时，实验文化会促进并支持各种错误，因为错误往往来自新观点的产生而非执行。相反，如果即兴发生在非实验性的文化中，它有可能被抑制或终止，即兴带来的错误会被惩罚而不是被接纳。3M公司便利贴的发明就是实验文化的佐证，正如弗莱（Fry）写道：

一个研发人员的错误被另一个研发人员以"是的，并且"的方式沿袭下来，后者认为这种"看似失败的黏合剂"能够防止他在唱诗班歌本中夹着的小纸条掉出来，并且不会把书黏坏。整个公司允许研发人员利用一部分上班时间和公司资源开发自己感兴趣的东西，哪怕这种发明创造在当时看起来没什么用处。

克罗森同时也认为，较高水平的实验文化往往需要界定实验的边界。这些边界包括"谁来做""做什么""用什么方法"等问题，需要与领导者事先充分沟通，否则领导者可能担心如果进行充分授权，他会失去对下属和任务的整体控制。

最小结构与即兴能力开发

最小结构来源于爵士即兴。与其他音乐形式不同，爵士乐没有曲目和指挥，完全随心所欲，因此节奏复杂、和旋多变。

海切（Hatch）认为爵士演奏就是即兴发挥，表演者一方面不受曲目限制，但另一方面也要遵循一套大家心知肚明的规则或原则，他称之为"最小结构"。帕斯姆（Pasmore）认为"爵士乐具备一种使用最少束缚带来最大灵活性的特性"。伊森瀚特（Eisenhardt）把这种最少束缚称为"半结构"。

无论是"最小结构"还是"半结构"，维克认为其最大的价值在于它能"抑制混乱，带来有效的行为后果"。正如艾森伯格（Eisenberg）所说，"爵士演奏只有在无规则和规定角色的条件下才可能实现，是一种以复杂方式进行的最少的组织活动和意图创作活动"。另外，研究者也认为爵士演奏的无规则意味着一个混乱的任务环境，这种混乱来自音乐创作的动态过程。因此，只有最小结构才能既释放表演者的创造力，也阐明创作和协作的特定方式，爵士演奏的混乱才得以抑制。

这一看似矛盾的结论可以用梅耶（Meyer）和罗万（Rowan）的制度理论来解释，医院和学校都有非常清晰严格的管理规则，然而那里的专业人员却拥有如何完成任务的高度自由，这是因为专业人员获得了信任，他们能在被信任的环境下实验和创新。

如何构建最小结构的组织环境，管理者面临的挑战就是既要提供自主性，也要避免混乱；既允许自由，也确保组织成员不逾越底线。我们可以借鉴薇拉和纳曼尼奇（Nemanich）的观点，从目标清晰性和自主性两个维度构建最小结构，其中目标清晰性是指为个人或团队确定清晰具体的目标，自主性则允许他们在无须获得管理层同意的前提下进行尝试。也可以借鉴伊森瀚特的观点,从自由与控制两个维度入手,组织环境在宏观上具有标准化和惯例特征(控制),在微观上具有操作性特征(自由),他们认为后者可以理解为创新的自主性及团队的自治性。

虽然最小结构被看作预期后果的基本前提条件和指导原则,但是管理者也可以把它解释成他们希望对创新过程保持多大程度的控制,允许团队有多大的自主权,以及让团队成员在哪个阶段起带头作用。

对中国企业的启示

即兴不仅是一种行为表现,更重要的它是一种面对问题或机会时自发采取创新行为的能力。一方面,这种能力可以通过组织培训获取并提升;另一方面,由于该能力具有一定的潜在性和隐藏性,需要组织创造一个安全支持的环境,它才能被激发出来。本文借鉴了戏剧即兴和爵士即兴的基本原则和场景模式,提出组织即兴能力培训的"是的,并且"原则,并从构建实验文化和最小结构两个角度提出激发即兴能力的建议。这对国内企业的管理者来说,可能具有重要的实践意义。

首先,即兴能力是可以通过学习获得的,因此如何设计即兴培训体系,包括即兴意识的课堂培训以及常规或非常规情境下的模拟训练等方法,即兴培训效果的评估设计等,都应该成为管理者重点思考的内容,而目前这方面的培训几乎为零。

其次,即兴能力是可以被引导并激发的,构建实验文化和实行最小结构有利于即兴发挥,但要求绩效和薪酬管理体系的重新设计,短期的业绩和结果导向需要被摒弃。

值得注意的是,国内企业普遍关注层级和权力,员工本人对实验文化和最小结构的接受程度也不高,依然习惯请示和汇报,对犯错误始终小心翼翼;管理者也不鼓励员工在没有证据支撑的情况下尝试新东西,并拒绝承担风险。因此,国内企业在组织即兴能力的开发上依然任重而道远。

9 平台组织：热潮中的反思

——井润田 赵宇楠 | 文

公元9年秋天，为了平息莱茵河畔日耳曼人的叛乱，罗马帝国的三个军团在瓦卢斯总督的带领下，进入条顿堡森林进行决战。这场战争看似没有结果上的任何悬念：一边是武器精良、铠甲坚固、方阵紧密、纪律严明、战无不胜的罗马兵团，一边是装备简陋、没有阵形、各自为战的日耳曼游牧士兵。然而，历史却在这一刻改变。条顿堡森林高地的形势似乎在与罗马兵团作对，这里河谷纵横、道路泥泞、地势起伏很大。战争一开始，罗马军队就很快被分割成几块，士兵仅仅是靠着长期训练形成的本能，组成形状各异的密集队形，且战且退。然而，固化的队形导致他们行动迟缓、难以反击；而日耳曼人行动迅捷、进攻一波接一波，越来越多的罗马士兵倒在泥淖里，队形变得越来越散。落单的罗马士兵不是日耳曼人的对手，几乎全部被屠杀。傍晚时分，战斗结束，罗马三个精锐军团全军覆没，两万多名士兵生还者不足百人。无坚不摧的罗马兵团居然被一个北方蛮夷之族歼灭，由此条顿堡森林之战就成为千百年来战争史上经常被讨论的案例之一。

　　2007年至2015年，苹果公司在商场上赢得了一场新的条顿堡之战的胜利。2007年，全球移动手机市场是诺基亚公司的天下，诺基亚占到整个市场利润总额的55%，而苹果仅占不到1%的利润份额。然而，2015年的苹果几乎一统天下，赢得市场91%的利润份额，而当年实力强悍的诺基亚品牌已全面败北。这次的条顿堡之战又说明了什么？

　　促使苹果快速成长的原因很多。根据马歇尔·范阿尔斯丁等人在《平台竞争法则》一文中的总结，其中一个重要原因就是苹果创造出一种新的竞争法则：在苹果iPhone系统上建立平台组织，数百万应用程序的开发商和用户可直接接触，从而创造出巨大的商业价值。

1996年，美国《组织科学》杂志的一篇论文以意大利Olivetti公司为例，正式提出"平台组织"的概念，将其定义为"能在新兴的商业机会和挑战中构建灵活的资源、惯例和结构组合的一种结构"。之后学术界开始关注"平台组织"的概念，但很多时候并未对"平台组织"和"网络组织"的概念加以区别。随着互联网经济和平台商业模式的兴起，特别是2014年研究"双边市场"效应的法国经济学家让·梯若尔获得诺贝尔经济学奖，"平台组织"在中国企业界开始流行并逐渐成为一股热潮。

平台组织的典型结构如图1所示。

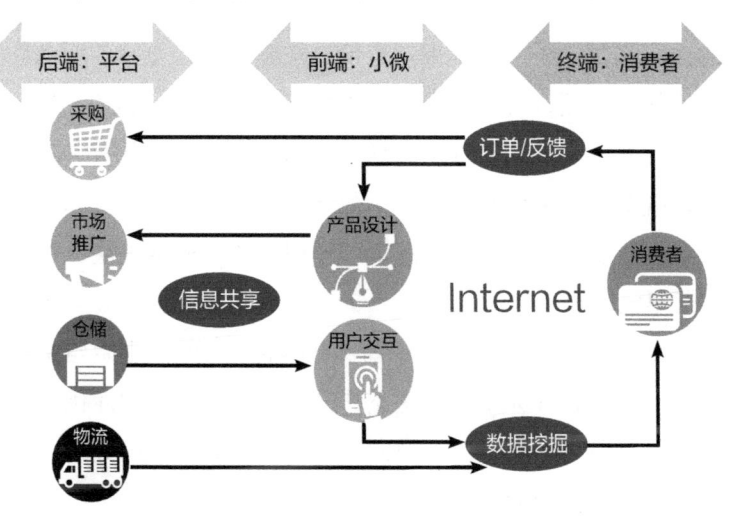

注：图为当前企业采用的平台组织的典型结构。
前端是负责用户交互和产品订制的小微（或称为小组、团队）；后端是服务于这些小微的职能化平台；小微与平台之间通过模拟市场化机制进行协调和结算。

图1　平台组织的典型结构

平台组织的应用包括内外部两种类型：一种是像阿里巴巴集团的淘宝平台，上面嫁接了数百万家外部企业与个人卖家以及数以亿计的注册买家；另一种是像韩都衣舍公司的物流、客户服务、IT、市场推广等平台，上面嫁接了300多个小微，这些小微大部分是内部成员组成的，每年为公司推出3万多款服装新品。无论哪种平台组织，社会给予的似乎都是全面的褒奖。正因如此，平台组织正在不断地替代社会中的一些官僚型组织。

本文的目的是在这样的热潮之中，就平台组织遇到的问题进行一些反思，进而对平台组织在信用制度尚不完善的中国社会的未来发展提供一些建议。

第一，如何建立平台企业内部的市场机制

所有平台企业宣称以内部市场机制来解决平台和小微之间的协作问题，小微可以采用竞价方式赢得平台更好的服务质量和价值。然而，其中一个被掩盖的问题是：经济学理论告诉我们，在只有一个平台服务提供商和众多小微用户的内部市场中，就像军品采购市场一样，很难出现公允价格，反而容易出现垄断甚至腐败。20年前邯钢"模拟市场、成本否决"的管理实践早已证实了这一点。

也有一些公司宣称为了消除内部垄断，允许小微自主到外部市场进行服务选择。但这充其量只能是一句被理性化的管理神话，试想：如果孵化小微无法享受内部创业的优势，那又和市场创业有何区别？

平台组织和企业的价值何在？这个问题在经济学家罗纳德·科斯和奥利弗·威廉姆森的交易费用理论里早已解释清

楚,只是一些企业家凭直觉认为互联网消除了企业内外部的交易费用。真的如此吗?笔者相信,互联网会带来沟通的便捷性,但信息不对称与交易费用不可能被消除。

第二,平台企业到底是服务产业还是文化产业

诺贝尔经济学奖获得者赫伯特·西蒙教授曾经指出:"随着信息的发展,有价值的不再是信息,而是关注力。硬通货不再是美元,而是关注。"在信息爆炸和产品丰富的互联网时代,这个问题更加明显,因为企业需要持续吸引活跃用户来替代以往渠道商所扮演的信息交换角色。为了抢占这一风口,互联网公司殚精竭虑地创造着各种用户交互渠道和手段。例如,铺天盖地的APP插件、愈演愈烈的概念化节日促销、路演、打赏,从大数据挖掘到大批量用户数据盗用以及曾以PAPI酱为代表的网红吸金法。

走进每一个论坛,企业家热议的是互联网"创意"和"模式",平台经营似乎变成一个文化产业,明星和导演是所有剧本的中心;而作为传统管理核心的产品和服务几乎完全退居幕后,生产环节由于距离用户较远而节节败退,几乎成了整个互联网价值链中被冷落和克扣的对象。

这会是未来企业竞争的常态吗?其实,"用户参与设计"的思想并非新概念,只是克制的管理者在此强调一方面能长期维系用户忠诚的是企业优异的产品和服务(而非网红等交互策略),另一方面企业要注意平衡好满足用户的当前需求和未来需求之间的关系。有一次,乔布斯谈及苹果公司的创新真经时讲道:"用户想要什么就给他们什么,这不是我们的方式。我们的责任是提前一步搞清楚他们将来想要什么。我记得亨利·福特曾说过，如果我最初问用户他们想要什么，他们应该是会告诉我，'要一匹更快的马！'。"

低空飞行的好处在于可以看清楚地面的每一个目标，但最危险的是无法应对来自前方的变化。很多中国互联网公司自诩在效仿谷歌、苹果，但以上短视化的战略思维使得它们距离谷歌、苹果越来越远。

第三，平台企业到底应担负怎样的诚信责任

互联网诞生之初就有这样的一幅漫画：面对因特网你无法判断对方是一个人，还是一条狗。很多公司鼓吹借助互联网与用户可以零距离、透明化沟通。真的如此吗？

事实上，平台组织不仅做不到与用户的零距离、透明化沟通，反而使得社会诚信问题变得更糟糕。很多平台组织借助小微进行产品和市场创新，形成相互寄生与依存关系。品牌本是企业进行市场活动的定海神针，但在互联网公司却变成小微在用户身上所做的一次"皮试"实验：成功了，就种植在下一个用户身上；失败了，就换下一种针剂。数人组成的小微如何保证能给售出的产品提供长期的服务和质量承诺？或许，半个月之后，相应的品牌和小微在平台上已经被淘汰，而售出的产品就永远地成了"孤儿"。

企业的传统实体身份的存在一方面给自身转型或适应带来困难，但由此也加深了其对产品质量的重视与责任；企业规模越大，自然也越珍惜其品牌在用户心目中的可以信赖的形象。这里，拥有实体形式的平台企业有意回避的一个问题在于：它们一方面从小微和用户搭建的网络效应中获得大笔有形和无形的收益（这是平台组织宣称的组织优势所在），另一方面却拒绝承担在此过程形成的质量与服务责任。

2015年年底，马云再次出现在《福布斯》杂志的封面上，但下面的配文却是"他的2000亿美元帝国建立在假货山巅，对此无人能够撼动"。同样无奈的是，当我们看到那些关于"互联网机票业务造假""网购产品质量投诉""网红走向色情低俗内容"的报道时，我们无法相信这些只是每家公司管理中的偶然或特例，是平台风口的争夺将这些创业伦理问题串到了一起。

第四，如何看待平台上的资源共享

鲍德温教授曾经给平台一个最简单、直接的比喻："平台就像一张桌子，上面可以拼装各种东西。"然而，问题在于：当平台这个桌子上放置了东西之后，这些东西的产权和归属似乎就变得不清晰了。

很多平台组织与小微在做的一件事情就是，紧锣密鼓地抢夺资源，控制进入其体系的用户信息，争分夺秒地想要挖掘大数据背后的逻辑企图并将之转化为商业价值。这里，用户在平台或小微那里变成透明人，越来越多的用户担心自己的隐私在互联网这"第三只眼"的监视下变成很多商业机构赚钱的筹码，而自己却丝毫未被提醒或告知。

1785年，英国哲学家杰里米·边沁提出透明监狱又称"环形监狱"（Panopticon）的构想：将一个监狱设计成圆环形建筑，中央造一个塔楼，上面开很大的观察窗，圆环内侧的四周是牢房。塔楼通过观察窗对牢房内部进行监视。这样的设计使得一个监视者可以监视所有的囚犯，而囚犯却永远无法确定他们是否受到监视。令人震惊的"棱镜门"事件警示世人，互联网技术正在建构这样的监狱：美国政府利用九家互联网公司进行数据挖掘，从音频、视频、图片、邮件等信息中分析并预测诸多国家首脑、政府、官员和个人的行动。更可怕的是，若不是中央情报局爱德华·斯诺登的曝光，所有人还不知道自己在被监控。

有些互联网平台和小微也在不择手段地建立这样的透明监狱，它们对用户信息的盗用或滥用挑战着很多社会伦理和法律的底线。2016年8月，山东女孩徐玉玉即将踏入大学校园，却因为遭受电话诈骗后伤心欲绝，不幸离世。在众多类似徐玉玉事件的背后是信息盗用和交易行为的泛滥。网络时代的个人隐私信息被作为商品进行销售，随之而来的是对社会民众无休止的骚扰甚至生命财产的侵害。根据艾媒咨询《2015年中国手机APP市场研究》报告，截至2015年第二季度中国手机网民规模达到6.57亿人，智能手机用户规模为6.01亿人。在快速发展的APP业务背后，侵犯用户隐私问题日益严重：55.3%的APP私自读取用户位置信息，22.8%的APP私自访问联系人，16.4%的APP私自读取通信记录。在2016年3月15日的"消费者权益日"晚会上，被中央电视台点名批评的企业几乎都集中在互联网创业领域。

总之，互联网创业和组织平台化运动在引导很多喜欢走捷径的企业走在战略短视的道路上，同时也绷紧了中国社会本来就已经很脆弱的诚信的神经。应该反思这样的问题了，对此，笔者有两方面的建议。

一方面，管理实践者需要冷静看待平台组织的优劣势

笔者相信，依赖小微与用户的交互，企业或许可以找到眼下、局部的利基市场，但靠此登上创新巅峰的想法是不现实的。企业技术创新和组织创新需要持续专注，这是组织能力建设的核心。例如，美国以英特尔、雅虎、高通公司为代表的一批高科技企业每年用销售收入10%~20%的资金持续投入研发活动；更重要的是，为了找到具有市场前景的技术，它们需要掌握凯思琳·艾森哈特教授所说的"在边缘上竞争"（Competing on the Edge）的时间平衡技巧，建立起联系过去、当前和未来市场的组织管理体系。

因此，当听到某些互联网企业家口放豪言"希望通过平台化策略'弯道超车'赶上苹果或谷歌"时，我们脑海中浮现的是那个"骑自行车登上月球"的童话故事。事实上，所有看不清楚的迷局总能从历史中找到检验和解释。

1938年，毛泽东同志在《抗日游击战争的战略问题》中讲到，游击战需要特别处理好防御和进攻、持久和速决、内线和外线的关系，注意将一切行动立于主动地位、灵活地使用兵力，要强调一切行动的计划性。然而，他的游击战的思想丝毫没有影响到他在人民解放战争三大战役上的高瞻远瞩，因为战场上的军事战略必须与组织方式相得益彰。回到开篇的例子，虽然赢得了条顿堡森林之战的胜利，三百年后日耳曼人同样建立了纪律严明、阵法有序的部队，灵活机动的游击团队成为正式部队的补充。

管理史学家艾尔弗雷德·D.钱德勒通过对杜邦、通用、标准石油和西尔斯等美国公司发展史的研究，得出著名的命题——"结构跟随战略"。因此，平台组织与所有的组织结构形态一样，有优点，也有缺点，过于神化或倚重同样会给企业带来灾难。

另一方面，管理研究者需要提升平台组织方面的理论研究和政策建议

1999年至2000年，美国·纳斯达克（NASDAQ）股市开始向5000点的高峰冲刺，很多投资银行分析师正打算采用新的估价标准来为火箭般蹿升的互联网股价寻找理论依据，风险投资商更是毫不犹豫地就把数十亿美元扔进".com"的狂潮中。一次，红点投资公司Geoff Yang接受《财富》杂志采访时讲道："如果我们投资的公司没有做好，我们可能会用1.5亿美元把它卖掉。如果它做好了，那就可以卖到20亿甚至100亿美元。请告诉我，这里有什么风险？"是的，这是一场速度与贪婪的较量。2001年，美国".com"泡沫终于破裂：数百家依靠风险投资维持生命的dot-com们很快陷入困境，在狂热期投入大量资本的风险投资商眼睁睁地看着资金不可阻挡地瞬间蒸发。

互联网时代让中国企业陷于同样的热潮，很多经济学家关于平台经济的研究结论被不假思索地贴在平台组织上，使得管理实践者更加痴迷。"理论都是灰色的，唯生命之树常青"。数年后，我们该怎样评价平台组织的热潮给中国企业带来的影响？或许，本文所言尽属多虑。作为研究者，笔者在掩卷一笑的同时会为自己曾经的多虑而释然。就像北京大学周长辉教授在《表达与复兴》一文中所言，纵然有迷惘和困惑，反思和表达是每位知识分子在时代发展中所肩负的不可推卸的责任。

10 网络时代的组织学习之道

网络时代正在改变整个世界，也在改变组织，尤其是企业。企业的组织结构、行为方式、激励机制都在发生根本变革，要应对这种变革，从根本上说就是要培养能够适应这个时代要求的人才，这是企业未来十年面临的挑战。

——王雪莉 ｜ 文

"不是我不明白，这世界变化快！"用这句歌词形容移动互联时代企业面临的组织环境特征，是再恰当不过了。

听过众多炫酷地描述当下商业环境特征的词汇后，VUCA（Volatile不稳定的，Uncertain不确定的，Complex复杂的，Ambiguous模糊的）算是准确贴切概括了移动互联时代的环境特点。而在这样一个世界中，讨论人——最具有不稳定、不确定、复杂和模糊特征的资源的学习和培养问题，则更难有简单明了的解决之道。

也许，用VUCA（Value价值观体系，Unusual非常规的人才培养模式，Context基于场景的组织学习，Autonomous自主性组织学习与人才培养）来应对VUCA，才是这个时代最有效的组织学习和人才培养之道。

价值观体系

唯一不变的就是变化，眼花缭乱的变化使得基于理性主义、基于成熟稳定发展预期的战略分析变得不确定、不稳定起来。企业，是试图不断根据变化调整战略，还是如夸父追日般执着于既定目标？这是个令人纠结的决策困境。不断调整战略，战略就日渐沦为战术，而且能否及时调整，对于组织的执行系统来说是巨大的考验；既执着于既定目标，又担心走到目标前才发现，即使实现了既定目标，依然难脱离失败的厄运。这种纠结，让整个企业焦虑，结果自然是身在其中的人也惶惶不知所往。

与其这样，组织不如跳出变化的旋涡，思考一下持续变化中相对稳定的是什么？对于企业来说，清晰的价值观(VALUE)体系，强大的价值观支撑体系，能够在这变革大潮中发挥定海神针的作用。价值观中对于企业经营哲学和理念的判定，能够指导企业在两难困境中做出抉择。正因如此，在VUCA时代，人才培养的核心不再是某种具体胜任能力的提升，而应该围绕对组织价值观从认知、认同到内化的路径来设计，以提升组织成员与组织的匹配度，当然这种培养体系的前提是组织的价值观是明晰的。

具体来说，组织价值观的认知就是know-what：对于第一次进入组织的成员来说，要知道组织的核心价值观是如何表述的，是怎样得来的；对于企业管理者来说，要知道价值观是如何发挥作用的。无论是青涩新人还是职场老将，与这个企业的第一次亲密接触，就应该从这里开始。

对组织价值观的认同，则是know-how的过程：在人才培养的过程中，特色制度和活动使得组织成员愈发认识到价值观在组织管理与决策中的重要作用，这样才能形成一致的价值观氛围，使得价值观得以强化和践行。

阿芙的价值观卡制度和每天下午创意十足的"正能量"活动就具有这样的特点。经过严格审核的持有价值观卡的员工可以得到更多的福利和认可，而每天下午的正能量活动则通过创意游戏、主题活动、齐唱城堡之歌等形式既激发了员工的工作热情，也传递了组织认可鼓励的价值观内容，还形成了强大的社群效应。

GE（美国通用电气公司）被广为赞赏的群策群力活动，则打破GE的官僚程序，全员参与创新和解决问题的价值观导向被展现得淋漓尽致。

最后一个阶段，对于组织价值观的内化，则是know-why的过程：组织成员在成长过程中，逐步发现了企业价值观与自身价值观的相似之处，因此将企业价值观部分（甚至全部）内化为个人价值体系。这时候，就真正实现了人与组织的匹配。组织成员的人与组织匹配度越高，面对VUCA环境时，协同作用更容易发挥出来。众志成城，聚力合心，这样企业价值观的定海神针作用就越显著。

非常规的人才培养模式

在VUCA的环境下，人才培养的传统方式日益受到挑战，无论是以职业生涯通道的纵向发展（晋升晋级）为主的认可机制，还是上岗前的规范教导和流程学习，抑或是传统的师傅带徒弟模式，都显得力不从心。非常规的人才培养模式正在逐步地成形，并呈燎原之势。

职业机会池取代职业生涯通道

在扁平化组织结构已经不再是趋势而是现实的今天，职业生涯通道（不管是单通道还是多通道）都无法满足企业人才对成长的心理诉求，更何况许多组织应对外部不稳定、不确定和模糊环境的一个直接策略，就是模糊工作职责边界。这也使得岗位工作内容无法准确地预测和设定（甚至有人预测，人岗匹配将不再出现），因此，适应成熟稳定组织的职业生涯通道处境尴尬，颇有鸡肋之嫌。

职业机会池，则是将组织中存在的职业机会按照一定的标准分类，组织成员可以在不同的职业机会池中，选择与自己兴趣相投的机会来加以尝试，对于表现优异的人才，还可以在职业机会的选择自由度上赋予更多的权利，提供尝试不同职业的机会。这也是扁平化甚至去中心化后，组织得以维护组织存在价值的重要方式。

任务小组或游戏式学习取代常规学习法

进入组织，先学习掌握组织内完成工作的方式方法，包括制度、流程、规范等，这是入职培训和在岗学习的主要内容。不过，在VUCA的环境下，老方法并不一定是完成工作的最好办法。因此，组织成员要习惯自己去寻找解决方案，而不仅仅是执行方案，要拥有面对问题时敢于挑战的心态。因为在竞争中，无法预估哪些困难和问题会突然出现。因此，有的企业更改了入职培训的内容和方式，将新员工分成小组，解决一个又一个的特定问题，通过解决问题来熟悉企业，融入企业。

有的企业开始采用游戏化学习管理，在工作分配上根据员工的能力、经验等级给员工分配不同难度（复杂度）等级的工作（甚至有的企业用不同颜色来直观体现工作难度等级），员工通过完成低等级的任务，来获得完成高等级工作的机会。这种类似游戏中的打怪升级的任务（工作）管理体系和绩效管理系统，带给员工更多的刺激感和成就感。

社群替代传统的师带徒模式

师带徒模式中，师的权威来自法定权或个人的专长（经验）。师带徒中，一对一（或一对多）的互动方式，使得徒的成长与师的关联度更紧密。

但是在今天的组织环境中，模范权威已经与传统的定义不同。今天的模范权威更像是魅力。认可某种魅力、欣赏某种魅力的人员会更愿意在一起沟通交流。因为社群的偏好取向一致性，社群的隐性规范更易形成并得到遵守和维护。这使得内部的管理成本和冲突都很低，也是粉丝经济在组织内部管理的体现。

对于管理者而言，自己成为这样的人，或者发掘这样的人成为团队领导者，都能够提升管理效果。所以，团队依然重要，依然是人员成长的重要平台。不过团队组成的基础以及团队机制，与传统方式相比都发生了极大的改变，这种社群多对一以及多对多的影响机制特点弥补了一对一或者一对多的局限。这也驱动组织管理者要比以往更关注组织内部的社会网络作用，尤其是非正式的社会网络的作用。

基于场景的组织学习

在VUCA的环境中，基于经验主义的组织学习将遇到严峻的挑战。

过去经验产生的土壤已经发生变化，正在形成的经验也不确定是不是真的经验,又是否能在不稳定、不确定、复杂和模糊的环境中持续有效。如果企业固守自己的"既得经验"和"竞争优势",结果往往是"成功是成功者的墓志铭",在路径依赖的思维模式下无法突破自我,更谈不上挑战自我了。

基于此,在新环境中,基于场景(CONTEXT)的组织学习,无论在方式和内容上,都有助于企业在变幻莫测的环境中聚焦经验或者教训产生的场景,通过对场景的条件变量保持敏感的认知和理性的分析,来获得与时俱进的开放态度。

具体来说,下列这些方式方法会逐渐在组织学习中得到更广泛的应用。

案例学习

案例学习——商学院广泛使用的一种教学方式,就是基于场景的经典教学素材。对于企业来说,将企业日常经营活动中真实发生的事件整理成案例,通过组织案例学习和研讨分析案例决策情境中当事人的选择,或者企业人员作为案例决策当事人来模拟决策,这对于培养企业人才的思维能力和场景敏感性来说,都是易代入、易转换、可直接应用的训练方式。无论是在企业人才招聘甄选还是晋升、培训中,基于本组织实景的案例分析都是非常有效的手段。许多企业大学已经开始有规划、成体系地研发本企业的案例。案例不是实景再现的事件总结,也不是拔高提炼的经验汇报。在写作案例过程中,需要将案例的逻辑线和教学线进行精密的布局,激发分析和讨论、激荡思维才是案例学习的本意。

行动学习

行动学习，顾名思义，就是通过行动来学习，让组织成员参与企业经营中的一些实际的工作项目或发展中急需解决的一些实际问题，实现个人能力和组织能力的双重提升。行动学习与案例学习最大的不同，在于行动学习更基于现实场景，从组织当下需要出发，并强调解决方案的可操作性。在行动学习的组织中，如果能够跨职能、跨领域组成学习小组，会为行动学习的效果锦上添花，在分析和解决实际问题之外，还能使参与者理解不同思维视角的观点，并体会到换位思考的重要性，这对个人情商和组织协同的提高都是一种熔炼。行动学习的采用也对组织内培养胜任的行动学习催化师提出了要求。

另一种复盘：经验挑战

联想的复盘四步法，近年来在企业界被传为最佳实践的管理方法论。通过回顾目标、评估结果、分析原因和总结经验四个步骤，来对做过的事情进行回顾和总结。其目的是传承经验和提升能力，总结规律和固化流程。当然，也是对过程中的错误进行梳理，不致再犯。在联想的实践中，小事情及时复盘，大事情阶段复盘，事件结束后完整复盘，这样的节奏使得复盘的习惯在组织内得以养成。

而笔者说的另一种复盘是建立在这种复盘基础上的，不过目标不仅仅是总结和传承经验，更是挑战经验：这些经验获得的场景是怎样的？哪些关键要素组成这个场景？这样的场景还会再次出现吗？当下环境中哪些关键要素已经发生变化？哪些新要素第一次出现？会如何影响企业的运营和发展？对于这些问题的思考，才能在VUCA环境中厘清各种蛛丝马迹，不至于陷入混沌和不可知的认知模式中。敢于、善于挑战经验，可以帮助企业摆脱成功者的诅咒（成功是成功者的墓志铭），冷静清醒地前行。

自主性组织学习与人才培养

持续变化的环境在不断地削弱组织在稳定环境中通过规模经济和规模组织所形成的权威与权力。在人才培养和组织学习方面，组织的角色随之悄悄地发生改变。从"要你学"到"我要学"，不仅仅是所谓学习的内容更符合学习者的兴趣爱好，首先是学习的选择权和控制权回归到组织成员手中，autonomous是组织学习和人才培养的新特征。

这直接使得企业在组织学习中的功能定位发生了三个变化：

- 从学习规划的制定者变成学习平台的搭建者；
- 从学习内容的设计者变成学习资源的提供者；
- 从学习效果的评估者变成学习社区和学习文化的建设者与强化者。

这样，组织成员就可以根据自己的兴趣爱好，以及在人生和事业发展不同阶段的意愿，选择自己希望学习的内容。

定位为中产阶级女性消费社区的秀域美容建立的秀域大学，与一般的企业大学不同，这里的课程设计涵盖医学、营养学、法律、人文等，提供给相对受教育程度不高的美容师自主选择学习。课程分成三个不同层级，员工参加某一层级的课程考试且全部通过后，在员工的月收入中就有100~300元不等的津贴。从公司本意来说，公司希望员工在秀域能不断成长。从实际效果来说，美容师反馈这些学习帮助她们更好地与秀域的顾客沟通，因为比以前更有共同语言。半年一次的秀域大学开学典礼，公司提供的课程考前辅导等支持举措，使得员工主动学习的动力更强。

有些企业通过学习积分制的制度设计，鼓励员工在公司的在线学习(e-Learning)平台选择自己需要的内容，并通过奖励排名在前的组织成员激发员工学习文化的热情。

在人才培养方面，企业同样要改变按照自己的人才蓝图来刻画塑造组织成员的习惯，更多的是赋予员工自我选择、自我呈现的权利，以此企业识别和发现所需人才。按照组织的想法和规划来分配成员的工作，企业面临着来自工作本身和组织成员价值偏好变化的双重挑战，因此某些企业通过工作招标/张榜/悬赏等新颖的工作分配方式，将工作和任务的选择权交还给员工。这既帮助组织解决工作与能力匹配的难题，使得工作分配有了强的仪式感，也可以大大增强任务担当者实现目标的成就感。

还有的企业在招募区域管理经理时直接打出招聘城市特战队的招牌，要求必须三人组成团队，一起应聘，参与甄选，如果通过甄选环节，则将企业在某一区域的经营交予这个团队。这种快速赋予组织成员责任的方式，可以突破成熟企业层级滞化，员工缺乏晋升机会而造成的激励不足的困局。当然，企业也需要有经营辅导和强大的后台团队来支撑这种特战队似的业务拓展。

自主性的组织学习和人才培养模式对于管理者领导风格的转变也提出了要求，管理者不再是可以解决任何问题的万能者，也不再具有完全的教练式的权威，教练与陪练的组合体可能更适合这种模式。

无论用什么新的人才培养和组织学习的方式来应对VUCA环境提出的挑战，核心目标都是在企业使命的驱动下，增强组织的自适力（Adaptability）和灵活性（Flexibility）。本文只是列出几种行之有效的策略措施，随着企业管理者在实践中的不断尝试和总结，我们可以获得更多的策略清单。

11 平台组织：迎接全员创新的时代

面对一个高速变化的环境，尤其是网络时代具有信息透明与权力重组的特征，企业应该如何持续开展符合时代趋势、贴近人类生活渴望的创新？这就需要建立平台管理思维，构建全员参与的平台组织模式，从而塑造出组织创新力与竞争力。

——陈威如 徐玮伶 | 文

你是否常因为听到许多大公司的衰败消息感到惊讶？柯达直接倒下，诺基亚垂死挣扎，索尼与夏普荣耀不见，新崛起的HTC在一年之间就从天堂坠入地狱。这些消息如警钟敲响在耳边，让我们的心中充满了问号。

这些企业不是不愿或缺乏创新，而是没有跟着"未来"创新。它们每年都会投入惊人的研发费用，想在无数的新发明中找出明日之星，但许多努力最终并未赢得人们的追捧。一个真正的原因是：当创新仅仅是公司研发精英的责任时，难以与人类生活完全贴近，或难以满足人类想要探索无限可能的期待。

许多公司的CEO确实大力宣扬与承诺支持公司的创新，但仅仅支持是不够的，全员的参与才是关键。因为对未来生活的想象与渴望才是真正的创新源泉，这些想象与渴望不会只有研发精英才拥有。企业必须改变精英式创新的模式，构建一个可以持续产生与人类贴近的新创意、可以激发全员参与、全员创新的新模式与环境——平台组织（Platform organization）。

全员创新管理的时代已经到来，当生态系统以加速度进行优胜劣败的淘汰游戏时，企业要以新的思维与能力面对创新的需求。平台组织管理正是应对高速变化时代所需要的管理思维与组织能力。

建立平台组织的管理思维

平台模式的管理思维，以最简单的方式来说，就是连接两个以上的资源方或需求方，创造出各方各自独立时无法产生的价值。例如，百度连接搜索者与信息，淘宝连接买家与卖家，微信连接人与人。平台组织管理在基础观念上从平台商业模式延伸而来，即组织连接两边或多边（人才、资源、市场机会）并创造价值（见图1）。

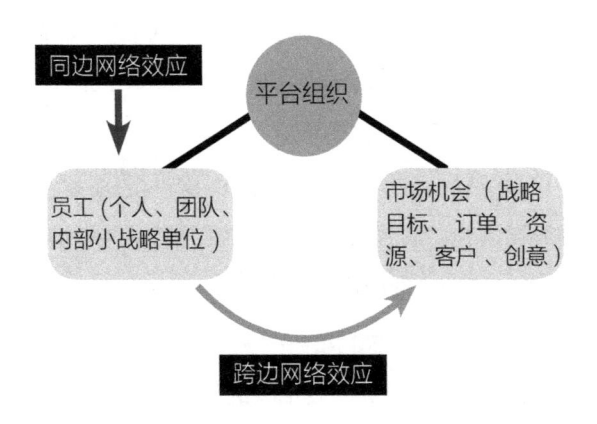

图1 平台组织管理的基础观念

在平台组织中，一个边是以各种形式组合而成的员工，可以是个人、团队、事业单位等。另一边是和公司创新与优势有关的各种元素，可以是创业机会、客户、市场、外部专家或者资源提供方等。

同边网络效应发挥如下作用：发生在优秀的人才身上，使他们互相吸引，形成梦幻团队；也可能发生在客户间，口碑使得市场快速增大。跨边网络效应出现在优秀的员工群中，吸引了另一边，即越来越多的客户与市场机会，而市场与客户的增加，也会吸引优秀人才持续加入组织，共创共享。

组织本身是一个平台，提供资源与必要系统，并帮助设定规则，引导参与者投入资源与做出承诺。在平台组织中，组织（或管理层）的角色是中间者与资源提供者，让人才与市场直接对接，而不是设置层级或路障阻断对接。组织的成功来自双边成功连接后所产生的持续性创新优势。

对于现有组织而言，开展平台组织管理需要建立相应的思维，通过对一些关键问题的追问可以引导思维建立。

首先要思考的核心问题如下。

• 平台的共赢生态圈本质：公司组织如何像平台一样连接员工与市场机会(客户、资源)，使他们的工作变得更有满足感，同时让公司维持不断地与时俱进？

进一步要思考的问题如下。

• 平台定位：与公司生存最相关的创新需求与使命为何？

• 网络增值性：如何激发所有企业员工的创新动能并连接公司的创新需求，使他们产生相互促进的正向循环？

• 平台机制：如何与员工共同制定权利与责任的分配规则，以维持积极有序的创新活动？

• 平台组成：组织在扮演平台角色时应提供哪些资源与系统，使网络效应发挥到最大？

另外，在实施平台组织模式时，管理层必须谨记四点。

• 开放：开放和让更多的员工(或外部资源)参与会得到最大的价值。

• 平等：管理层不是指挥者，而是资源提供者与支持者；规则必须由参与的员工共同制定，让员工做出自愿性承诺；通过参与者之间的约束力而非上下级的权威压制来使员工发挥最大作用，用契约力量激发动力。

• 协作：信息的透明共享与依照共同规则引导的资源流动是不可或缺的，信息系统与资源交流体系的建立极为重要。

• 共享：建立全员认可的激励机制，实时回馈、共创共享。

满足这几项原则所形成的平台组织，能够激发全员参与，让员工对组织的创新追求有最大的满足感。因为这些原则将会让员工产生"我参与，我创造"的感受。平台组织是符合网络时代需要的组织形式，较容易发挥人们更大的潜能并产生更多的创新。

构建平台组织的运行模式

在建立平台组织的管理思维之后，企业就需要依此思维设计与构建平台组织。平台组织的建构，根据市场化程度及市场化方向两个维度，可以分成2×2四种模式，分别为部分功能的向外市场化、部分功能的向内市场化、全面功能的向内市场化，以及完全向外市场化的人人平台组织(见图2)。

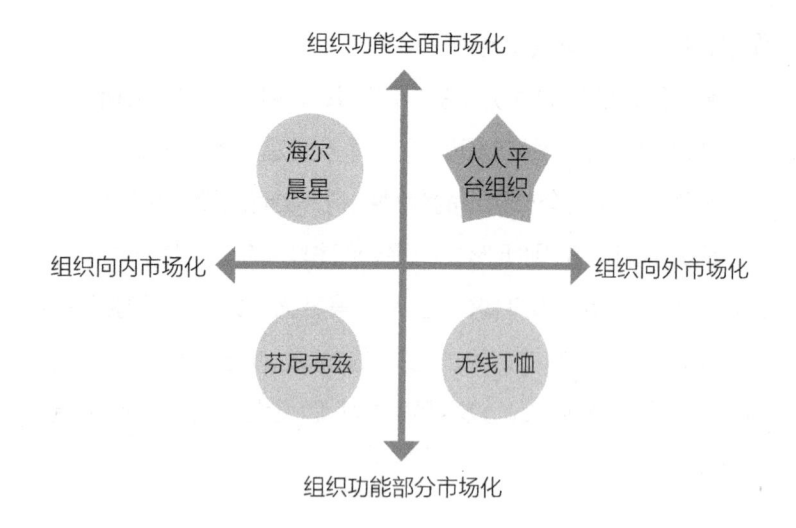

```
                组织功能全面市场化
                      ▲
                      │
            ○         │       ☆
          海尔        │      人人平
          晨星        │      台组织
                      │
  组织向内市场化 ─────┼───── 组织向外市场化
                      │
            ○         │       ○
          芬尼克兹    │      无线T恤
                      │
                      │
                      ▼
                组织功能部分市场化
```

图2　平台组织的四种模式

模式一：部分功能的向外市场化

第一种模式是在不重构原有架构的情况下，将几种内部管理功能向外部市场平台化（见图3）。原先在组织内直接面对市场的功能单位，如研发、设计及销售，转化成平台组织最简单的方法即向客户开放，将员工与客户连接起来。例如，将自主设计转为向市场全体开放，征集最新的创意与新技术，以组织为平台连接生产单位与市场创意，无须内置设计人员，如此降低研发的资源需求并保持创意活力。

这种形式的平台组织是将部分的组织功能向外市场化，也可以说是将其转化成外部市场的一部分，让市场直接参与创新。美国的无线T恤公司（Threadless）为该种平台组织形式的代表。

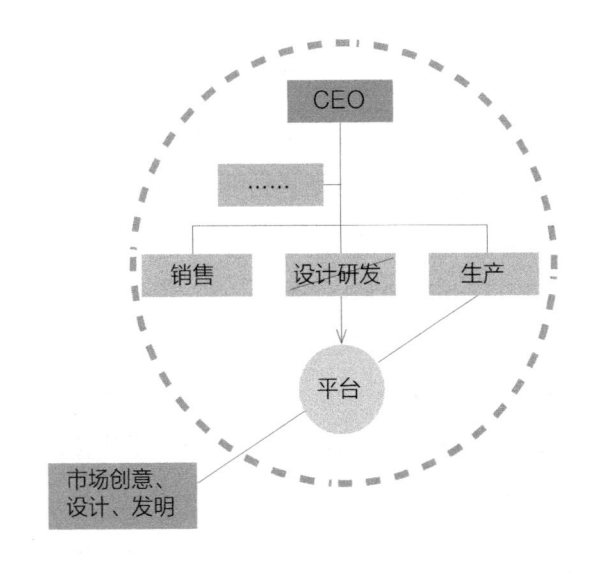

图3 平台组织模式一：部分功能的向外市场化

无线T恤是一家位于美国芝加哥的T恤衫设计公司。这家公司的特别之处在于它以平台商业模式作为经营方式，同时兼具平台组织的形式，将设计T恤衫这种服饰公司的重要功能开放给大众，鼓励大众参与。

它的商业模式是让包括艺术家、学生、业余或职业设计师等有兴趣设计T恤衫的人将设计稿投至该公司，然后在网上让人们对这些设计投票，选出得票率最高的四种设计加以制造销售。每周发布的新设计有八百种之多，而网站累积的设计图样已超过十万种。虽然每周的设计赢家能得到一笔奖金，但真正驱使人们不断投稿设计的动力，是期待自己的作品被大家看到、接受，甚至被商品化上市的自豪感。由于无线T恤公司所建立的T恤爱好者社群数量已经十分庞大，公司可以在确定订单量的情况下再生产，这样消灭了库存，确保了营业收入。

无线T恤公司的成功不仅是其利用了平台商业模式，更在于它将服装公司"设计"的核心价值模块开放给客户大众，突破了员工自行设计的创意局限，减少了聘请签约设计师的固定成本，让设计的创意与理念生生不息。

试问世界上有哪家服装公司可以在十年间累积达十万种的设计样本？无线T恤公司，在商业模式上，是连接设计社群、T恤买家及爱好评价者的公司；在组织管理上，是一个将市场化设计创意与生产制造相连接的平台组织。它提供了收集设计创意的平台（评分、奖励、选择、预订），最终将这些市场化的结果生产出来，这种将原本内部化运作的核心功能开放的方法，使公司的创新问题获得解答。

模式二：部分功能的向内市场化

第二种模式是将组织部分功能向内市场化，即打破公司内部职能边界，将某种属于某群员工的权限或目标向内部所有员工开放，以组织为平台连接内部员工与这些权限或目标（见图4）。例如，组织多元化或内部创业原为组织管理阶层拥有的战略决策权，若将此种机会向组织全体成员开放，让组织成为新事业孵化平台，连接有抱负的员工团队与市场机会，征选最有决心和能力的团队去开发新事业，继而达成激发全员共同创造和创新的效果。

内部创业被认为是公司留住人才与创意的手段，因为优秀人才的成长往往快于公司的成长，当人才在公司的发展受到限制或有些新想法无法在公司中实现时，若不给予创业的机会，员工只能另起炉灶。

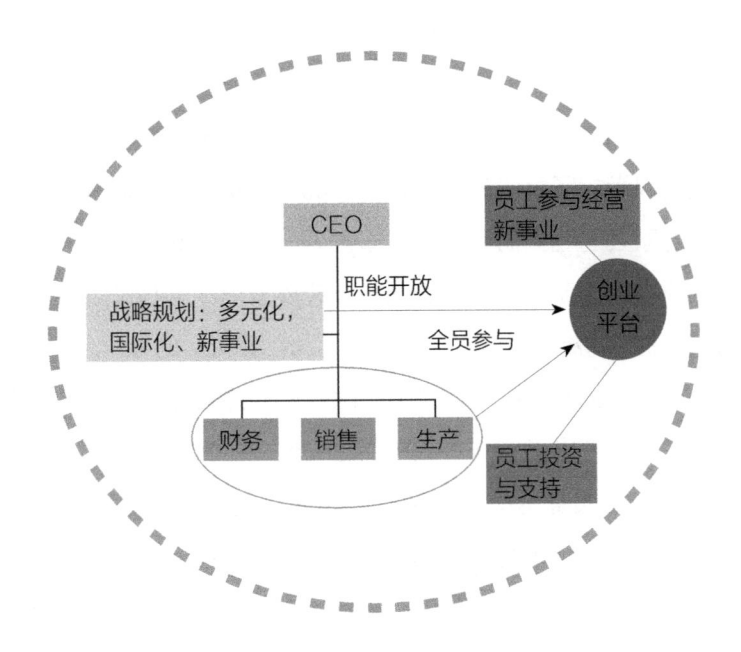

图4 平台组织模式二：部分功能的向内市场化

然而，过去的内部创业有两个难题：一是创业需要大量资金支持，因此只有大规模且资源雄厚的公司才能采用内部创业的管理方法；二是由于内部创业用的常常是原公司的资金、资源或调配而来的团队，创业的内容与人员很大程度上还是受制于原公司领导层的意志，使得内部创业的限制较多，并不一定会比一般自行创业容易成功。但芬尼克兹解决了以上两个难题，成功将公司转化为员工创业的孵化平台，同时兼顾留住人才与提升公司创新能力两个目的。

位于广州的芬尼克兹是一家空气源热泵产销公司，创始者宗毅和张利为了让想创业的员工能留在公司内部创业，自2006年开始尝试以公司向上整合的方式让员工参加上游零组件公司的创设，由公司几个高管参与投资成立一家新公司。新公司的投资回报激起了员工的信心，自2006年后接连内部创业，成立了围绕原公司业务的七家员工新创公司，且均有良好成效。在几年的内部创业历程中，公司与宗毅摸索出一套与员工双赢的创业机制，将组织变成连接优秀员工与创业机会的平台。

芬尼克兹的机制流程保障了内部创业的成功。首先，公司的发展需求带出了能与本业产生协同效应的新项目。其次，公司举办创业大赛邀请员工组成五到六人的跨职能团队参加竞赛，公司提供形成商业计划所需的战略、营销、财务规划的培训。再次，开放公司主管级以上的员工投钱来决定哪一支队伍胜出。由于员工投标用的是自己的真金白银，因此投标者评估时会很谨慎，不受人情牵绊。最后，获得最多融资的团队胜出。融资的过程中，创业团队本身必须投入资金（27—32岁的青年带头人需拿出100万元，需在事业与结婚或买房中做个抉择），这样可以筛选出真心承诺且愿意全心投入新事业的伙伴。

一方面，在这种内部创业模式中，组织本身的角色在于提供资源（资金、团队），品牌优势及孵化期的避风港；另一方面，组织担当制定与执行创业规则的角色。例如，为了降低新创公司领导人只会创业不会管理的风险,芬尼克兹制定了"基本法",其中一条是新创公司的总经理轮岗制,五年改选一次。为避免内部创业的公司落入群雄割据的境地,员工拥有的是分红权而不是股权。虽然投资了过半的启动资金,但宗毅和张利并不介入新公司的运营和管理,新团队自立自主,对自己负责,员工自行招聘,新公司的生产地点、办公地点都与母公司距离约20千米。内部创业是为了实现优秀人才的创业梦,若老板不断介入,就失去了创业的初衷,不如直接成立分公司了。

芬尼克兹的创业平台模式,用机制平衡了员工个人发展与公司发展,将员工、新创公司及原公司的利益紧密结合在一起,达到了推动公司踏出固有核心业务、不断创新的目的。

模式三:全面功能的向内市场化

第三种模式将组织内部完全市场化,让员工成为自己的老板,以组织为平台,促使其他员工合作,同时也将员工与外部市场相连,为客户创造价值(见图5)。在横轴上,此种形式属于向内部市场化;在纵轴上,则实现组织各项功能,包含财务、人力资源、生产、研发、质量等功能全面性的市场化。

这种模式,将雇佣关系转变成市场契约关系,将层级组织转化成个体户或小事业单位相互连接,打破部门间的壁垒,充分合作,脱胎换骨,达成实时创新。但这种模式需要彻底的组织变革,搭建连接每一个独立单位的平台系统。

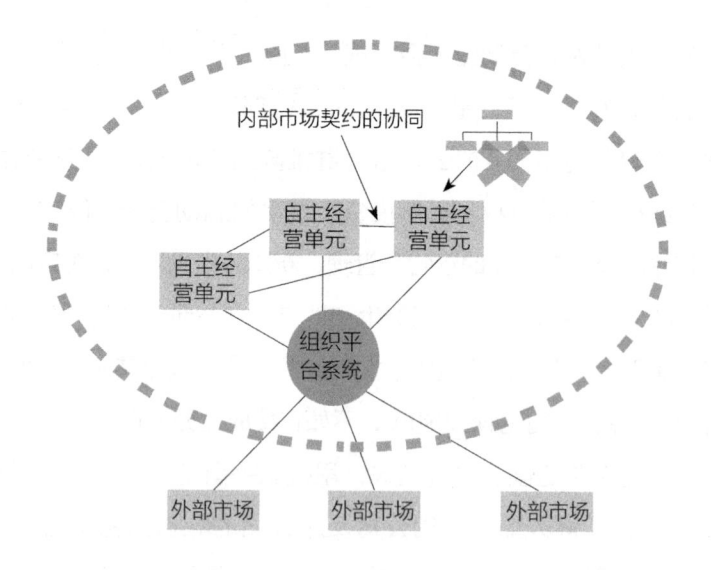

图5 平台组织模式三：全面功能的向内市场化

晨星公司的自主管理与个人市场化契约

美国的晨星公司（Morning Star）没有正式职位的管理者与阶层结构，每个员工，不论何种角色都实施自我管理，他们通过对自己和他人的"承诺契约书"，驱动员工自发性地做出对自己、同伴、顾客、供货商及公司最有价值的事。

晨星公司的创立者Rufer为了实现员工自由、激发员工的自发性创新，把公司转换成"市场平台"。员工进入公司，就是进入一个市场，必须去寻找与自己有关的交易对象，建立契约，并以契约中的内容定义自己的工作。每个人在组织中都有充分的自由决定自己做什么、如何动用资金与规划预算，并有充分透明与清楚的各项信息规划自己的行动方案。

因为人与人的契约关系，当员工遇到自己不满意的"服务"时,可以随时提出异议并要求改进,就好比人们去市场消费遇到不满意的服务或产品时,可以投诉一般。在这种契约关系中,员工的最后奖励自然要由与他有合约关系的同伴们共同决定,员工年终必须收集如"顾客满意度回馈"的数据,并描述个人贡献所创造的公司利益,提交给年度全体员工选出的"代表委员会"来确定薪酬结果。

晨星的创举产生了令人惊奇的结果:有着最大自由的员工可以开展最好的合作。晨星员工每日在与同事的协商互动中,达成了相互高效率的目标。他们形成了以贡献为准的自然领导,为促进工作完美性而每时每刻地沟通,在最精准的情况下实行自由预算,以及完全与贡献和绩效挂钩的激励制度。组织本身作为一个平台,实现了员工以及所有在工作中可能发生的自由契约,在市场规则下运作着。

由于员工必须为自己的区域负完全责任,因此他们想方设法地完善自己的工作;对于组织内或组织外的客户,都尽可能地以创新的方式达成工作的要求,或者想出创新的点子提高自己的贡献度。在这种状况下,发生在工作中的微创新,即改善工作流程或产品本身的创意时常出现,创新式的产品也常常被发掘出来。组织本身仅是资源提供者与纠纷仲裁者,公司凭借市场力量实现了整个组织的运作。

海尔"人单合"一的自主经营体

中国的海尔进行着从传统的上下级科层式向连接员工自主经营体与客户需求的平台组织模式的转变。

这个平台模式将回应客户需求和市场变化的决策权,交到直接面对顾客的一线员工团队手上，让原本是下达命令的上级阶层转变成资源提供者与战略协同者，支持前线员工团队，部门不再由公司供养而是走向市场，寻找业务，自行发展。

这种模式的目的不仅是激励员工满足顾客既有需要，更重要的是领先于客户自觉地去创造新的需求，从而使整个组织以人类生活需求为导向进行创新。

海尔是个拥有8万人的庞大组织，变革时需要精密的执行方法才能避免组织陷入混乱。在实行"人单合一"模式的过程中，海尔将所有员工分为三类（研发、用户和制造三种功能种类）三级（一级直面客户、二级职能部门提供资源、三级内外战略协调）的基本单元。每个员工与团队以三类三级标准区分位置后，形成三个层级的自主经营体，各自主经营体之间的协同，基本上是依照契约承诺的形式运作的。

在海尔，自主经营体有完全自主的人事权与财务权，它就好比一个有生命的有机体，随着所创造的价值高低，或成长或缩小，有时兼并有时自然消灭。

张瑞敏认为自主经营体的实施原则是充分实现客户需求，由一线人员决定的客户需求反推给后勤支持团队。在这种要求下，必须赋予员工更高的自主性，并在机会平等的条件下实现个人所识别的客户需求；但员工必须自发性地做到自我管理和承担更多责任，以及面对绩效好或差的结果。组织本身作为平台，给予自主经营体资源并确保精细执行机制被有效运行。

为了使组织内部市场化的平台机制顺利运行，海尔创造出全新的"人单合一"管理会计系统与财务流程，协助经营体内的员工实施战略损益表的表单制度，让每位员工按照明确的依据去规划目标，确认自己是否胜任竞单条件；并且用每日、月、季、年结算的日清表去检查工作是否符合规划；最后以绩效为导向，按照员工的自创价值实行奖惩激励制度。

建立自主经营体的管控机制后，下一步便是将自主经营体独立出去。自主经营体可以在外部市场接单，对内则形成新事业的孵化器，做到企业无边界、组织无领导的境界。

模式四：人人平台组织

最后一种模式，是将组织的内部功能全面向外完全市场化。这是互联网时代催生的一种全新组织模式。在这种组织形式中，每个人或几个人的小集合体都可以就自己能够实现的功能成为一个平台，借由连接结合不同的功能，完成组织的生产运作。在一个信息充分流通的连接系统中，人们借由信息交换获知彼此功能上的互补需要，以契约合作形式完成计划目标（见图6）。

这种平台组织打破了组织既定的边界，让虚拟的组织自由形成、生长或死亡。人们可以受雇于自己，建立个人平台，也可以归属于某个协调性平台，使工作在平台上合作完成。即便归属于某个协调性平台，个人或小集体也不受限于此平台，而是无时无刻不自由地建构新的连接，形成新的虚拟组织。这种平台组织可以称为"人人平台组织"。

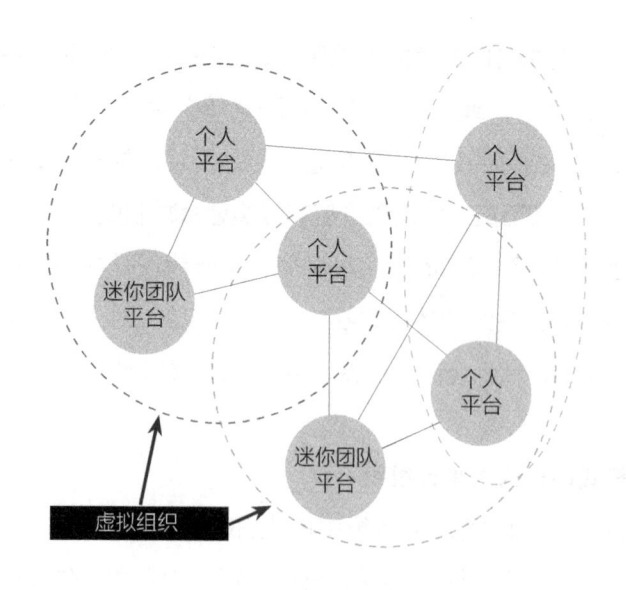

图6　平台组织模式四：人人平台组织

人人平台组织的形成要件是健全的连接系统、有效的市场化契约与规则，以及高效透明的信息流通。人们为自己建立品牌，透过品牌信誉与特有能力，将自己所能创造的效益最大化，将传统科层组织所带来的代理成本、低下的动机、迟钝的命令链、延迟的市场反应等影响降至最低。

人人平台组织就像人体神经系统一样，借由自主协调达成最好的运行结果：神经元借由轴突或树突的神经纤维互相连接，通过神经冲动刺激信息的传递，将各种各样的信息传递到身体的每个角落，协调身体完成必要的任务。每个神经元都可以被视为一个独立平台，有独特功能，但它必须根据任务的不同，无时无刻不与其他不同的神经元相互配合以完成工作。

人人组织平台突破了人类世界空间维度的限制。当生产功能全面自动化后，人人平台组织所覆盖的组织功能范围同时全面化。想象一部手机的生产，当内部零组件、外壳、包装、质量管控等都可以用机器自动化且同时生产时，人们完全可以通过个人平台，从世界各个角落将各细节的研发各自分工，并连接营销、销售及服务平台，快速完成整个产品的生产与销售过程。此时，人力资源平台帮助个人平台达成优化组合，而财务平台确保市场契约的实现并实行监管。

迎接全员创新时代

"先发制人，后发制于人"。阿里巴巴、百度、腾讯、华为、海尔等线上线下巨头不约而同地通过事业单位重组与调整组织架构，以期赢得快速演变中的生态系统的主控权。这个现象说明了网络时代的组织必须顺势而变，有充分的弹性与应变能力。

网络时代带来的商业活动中的信息透明与权力重组，使决定权转移到了消费者的手中，企业的一个回应延迟即可能失去市场。在这种趋势下，"顾客是第一位的，员工也是第一位的"，企业唯有建设一个连接员工与企业创新需求的平台型组织，才能持续产生有益于人类生活进步的创新。

海尔、芬尼克兹、晨星、无线T恤公司的实践说明了企业无论大小，无论是否采用平台商业模式，在每个发展阶段都可以采用平台组织激发创新活力。人人平台组织代表了新时代一个充分将创新与资源最大化结合的崭新模式。

平台组织能让优秀及认同创新的员工持续留在企业中，并吸引更多同样理念的员工而产生网络效应；优秀的员工带来更多的创新机会，更多的创新机会吸引更多的优秀员工加入。为了塑造组织全员创新能力，管理者必须放弃科层组织的权威命令模式，将组织转化成具有活力的自主单元，建立信息透明、机会平等及自主决定的环境，从而将创新权赋予员工甚至客户。一个具有前瞻性的领导者，应该思考如何利用平台管理思维来创造适应未来世界的组织模式。

12 组织再认识：组织，还是组织过程

管理大师卡尔·维克的组织观是建构主义立场的，是一种不同于惯常的组织认知模式，可以帮助我们以另一种眼光看待组织、认识组织。通过理解维克的组织建构理论，体会一家拥有二十年历史的企业的组织建构过程，可以带给我们不同的、深刻的组织管理和变革启示。

——冯云霞 徐一凡 | 文

E科技公司创立于1994年，至今已有30年的发展历程。2015年，公司将组织目标定位为"化学清洁全面解决方案提供商"，公司目标得以清晰化。公司负责人坚信公司已经"保留"下来的商业模式、管理能力和竞争能力在未来会受到资本市场的青睐。

卡尔·维克是组织行为专家，他是密歇根大学罗斯商学院的教授。维克认为，组织的本质在于"建构"。组织建构则是"将现有的互动聚合成可见的序列，并由此产生有意义的结果"。在E公司，组织目标的形成过程实际就是一个建构过程。从单一的产品销售到综合的模式销售，再到如今的平台建设，公司经历了诸多的"设定—选择—保留"行为。这个过程也是企业进行知识管理的一个过程，是一个活动过程。通过回溯，企业建构出属于自身的意义系统。

"不做什么，就不知道自己在想什么。"公司主体长期聚焦在化学清洁剂领域。基于经验、行动以及对过去的"选择"，公司终于在清洁剂的使用方法上出现灵感，"选择"了适合自身的发展模式。通过在"使用形式和使用方法上的改良"，找到和客户有效互动的方式，并因此"保留"有效的商业模式。在化学清洁剂市场的目标客户群心目中确立了公司清晰的品牌形象。公司负责人、公司董事长坚持聚焦和专一，在这个行业中和化学清洁剂使用方法上选择了其可以依靠的"规则"，来聚合自身的过去、现在和未来，聚合自身和企业行为的连接、企业和其客户之间的连接。这个过程就是企业决策者积极寻求，设定环境，对已有的"企业—客户"互动模式进行改良，然后建立起公司能够复制的销售模式，形成秩序，反过来指导员工行为和方向的一个过程。

维克教授的组织理论无疑能够帮助组织决策者体会、领悟和所处环境的关系，学习辨识、选择和决策，建构自身的意义系统，帮助成员认同目标，形成集体行动，最终有利于组织目标的实现。

理论：学会另眼看组织

和大多数奉行理性主义、自然主义立场的组织观不同，维克的组织观是建构主义立场的，是一种不同于惯常的组织认知模式，可以帮助我们以另一种眼光看待组织，认识组织。他认为组织是"由两个或者更多人共同管理的计划、秘诀、规则、产出程序、解释和管理行为所组成的"。组织建构则是"一组以有序的方式将不同的社会交互反应的事件串联在一起的'处方'"。这些事件又是"连锁循环"。这个建构过程包含三个环节：设定（Enactment），选出一部分经验或者经验流来进行关注；选择（Selection），用某种方式或者从某种角度对选出的经验加以解释；保留（Retention），将经过解释的片段储备起来，以便将来进一步利用。这三个环节（ESR）可以解释组织建构的过程（见图1）。

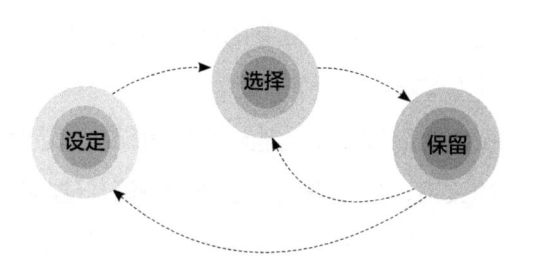

图1　组织建构相关因素循环图

维克的组织建构理论还倡导管理者要有循环和系统的思考方式，不能一味地坚持线性的、表面的和单向因果关联的思维惯性。组织中的大量现象是互相依赖的。大多数"事情"是关系，不是孤立存在的。这些"关系"又是以一种系统的方式联结在一起。组织行为大多依赖于这些"联结"的强度、作用力方向和时机。

设定和社会建构

设定指的是在主体"选出一部分经验或者经验流来加以关注"。赫胥黎认为"经历并不是指发生在你身上的事情，而是指你以什么态度应对发生在你身上的事情"。这个和"你不做什么，其实你是不知道在想什么的"逻辑是一致的。在组织行为中，很多时候正是行动、经验为"释意"提供了线索。设定所起的作用正是标记和建构经验的各个部分。现实或者环境是有选择地被知觉到的，在认知层面被重构，并通过人际互动商谈和讨论而来。维克坚持认为"行动定义认识"。这和G.W.贝特森的思想一脉相承："一个探险家永远不可能知道他正在发掘的是什么，直到那个东西被挖掘出来。"

在就如何认识世界或者环境的问题上，惯常的一个判断是这样的：从客体到主体。这就意味着知识是通过从客体到主体的流动来获得的（见图2）。

图2　认识模式1：从客体到主体

但实际上，认识问题的顺序是可以倒过来的，即从主体到客体（见图3）。

图3　认识模式2：从主体到客体

图2显示的是传统的"刺激—反应"模式，影响是单向的；图3强调的是主体和客体之间的一个互动性，即双向的互相作用。在组织行为中，设定这个环节正是强调和突出了主体和环境间双向的、互动的作用。正是这个双向的、互动的过程对组织行为和协调有作用。总之，在设定环节，重要的是主体和环境之间的互动过程和互动关系。

选择与组织建构

在选择环节，核心是组织过程。在组织构建中，选择过程直接和主体的意义建构和解释有关。间接地，这个过程也帮助个体、部门、群体选择目标。基于组织成员的经验，以及对部分经验的关注，成员会对模糊的说法、行动、事件等加以筛选和转化。连锁循环对这个过程有用。借助连锁循环，成员赋予经验、事件、说法以意义。我们知道，设定环节帮助成员主体和环境进行互动，并人为地建构出组织环境。但在这个环节，还有很多的模糊、不确定和犹疑，因此需要"选择"行为，来建立组织和环境之间的关联。在E公司的案例中，可以清晰看到组织进行了大量相关的"连锁循环"后，做出选择，确立了在化学清洁领域做领先企业的目标，并帮助成员领悟该选择的意义，明确行为方向。

在选择过程中，回溯性解释、对过去行动的反思变得很重要。"不做什么，我不知道在想什么。"维克认为意义很大程度上是通过回溯性过程得到的。

保留与社会建构

在"设定—选择—保留"环节中，保留"意味着回忆，或者对某种经验的保留"。对组织建构而言，通过对过去的反馈，成员摆脱外界带来的直接压力，同时做出面向未来的选择。

组织在处理灵活性和稳定性的矛盾过程中，既需要记忆和保留过去的"连锁循环"模式，又需要遗忘"过去的，但不相干的经验"（德鲁克语）。只有这样，才能应对和接受变化。

按照维克的建议,组织可以采用以下方法应对这个矛盾:某种形式的折中反应;稳定性和灵活性的交替使用;对体制内的不同部分分化处理等。

"设定—选择—保留"的关系

组织面临不确定性和未来选择的时候,恰当处理那些保留在"记忆"中的设定环境的能力变得特别重要。这些组织记忆或者集体记忆能够被结合在一起,也可能成为"选择"和"设定"的限制。在选择过程或者组织过程中,当主体只是重复设定和选择那些过去熟悉的"连锁循环"时,组织的稳定性会大于灵活性。如果主体怀疑保留的内容,就会发生不稳定性。如果无法从记忆中提取任何东西引导设定或选择,而且两个过程都是在仓促中建立起来的,那么组织的灵活性就会过大。一个组织为了可持续发展,要学习将其"记忆的"或"保留的"内容分开使用。既要有记忆,以便获得意义;又要有遗忘,防止自身负担过重,裹足不前。怀特海说过:"既不能尊重符号,又不能自由修改符号的社会,最终肯定会腐败,或则由于无政府的状态,或则生命遭逢无用的阴影的窒息而缓慢地萎缩。"在这里,符号和集体"记忆"或者集体"保留"的含义是一样的。

案例:体会组织建构的过程

E科技公司从成立之初到目前的发展,经历过四次组织建构。每次建构都能帮助公司"保留"或"记忆"事件和活动。

在发明"液体洗涤剂自动分配器"和"洗衣分配器"的基础上,公司销售规模迅速扩大,并给组织带来巨大的物质成功,公司因此成为行业领先企业。接着,公司改良了业内的"成本保全模式":对模式中的缺点进行灵活和创新式处理,帮助客户解决了同时面对三个供应商的难题。在这个过程中,该组织也让自身在"设定—选择—保留"的活动过程中,有扬弃,有保留;有灵活,有稳定。2015年以后,公司在面临资本、互联网等新事物的过程中,思考如何在原有"保留"的基础上,设定和选择新的模式。

组织建构1.0:"发明"液体洗涤剂自动分配器

在公司发展初期,E公司销售单一的洗涤剂和洗碗机。客户主要是三星级及以上的酒店和洗衣房。当时,在我国三星级酒店中,洗涤剂的使用大多由人工操作。这种人为因素往往影响洗涤质量的稳定程度,而且很难达到国家规定的卫生标准。发展初期,E公司的销售模式没有什么新意,和其他公司一样,公司深陷"价格战"的红海,苦苦挣扎在生存边缘。公司痛定思痛,借助多年经营洗涤剂产品的丰富经验,选择在同一领域精耕细作,终于成功研发出"液体洗涤剂自动分配器",在此基础上还研制出其他相关的系列产品。"我们从使用方法上入手。当时洗碗机这个东西,这里头我们从研发,从分配器、餐饮分配器入手。"

在这一次组织建构中,公司基于自身经验,"设定"组织环境,同时"选择"组织资源,将固体洗涤剂"变更"为液体洗涤剂，并从使用方法的角度来优化和重构经验，"发明"出适合客户的产品，带领公司杀出红海，取得第一阶段的物质成功。这些印记都成为组织"记忆"和组织"保留"。

组织建构2.0："发明"洗衣分配器

基于第一次建构的"记忆"，公司开始了新的"设定"和"选择"。基于原有的酒店洗涤业务模式以及惯常的"成本保全模式"，公司发现了其中的问题和相应的解决方法。公司基于难题，又"发明"出"洗衣分配器"，解决了成本保全业务模式的缺陷。该创新产品具有洗涤量统计功能，能和洗衣房的计算机对接。在这次建构中，组织主体的设定环境和选择组织资源的时候有"转化"，有借力，并将客户从传统的酒店用户扩大到社会洗衣店用户。与第一次组织建构不同的是，公司决策团队在"记忆"中成功"组装"商业模式这一"新"的内容，并在处理灵活和稳定的关系中掌握合理的尺度。

组织建构3.0："发明"洗碗机租赁模式

有了前两次的建构变革经验，商业模式的"记忆"被转化为新的集体"记忆"。在此基础上，公司又开辟了新的认知领域，并决定"选择"社会性餐饮作为公司未来的客户。以此新"选择"的领域为新的发现并确定为第三次组织建构的主要内容："发明"洗碗机租赁模式。这一模式有效解决了客户的痛点：其一是价格，洗碗机租赁模式帮助社会性餐饮企业节约了成本；其二是质量，液体洗涤剂自动分配器这一技术，帮助餐饮企业稳定了洗涤的质量，有效降低人为因素对质量的影响，能够帮助餐饮企业达到政府要求的餐饮卫生指标；其三是数量，洗涤计数器的设备功能类似于出租车的里程表，汽车租出去以后，可以根据里程表记录的里程收费，有了洗涤计数器，企业能够根据洗碗数量收费。案例公司的洗碗机租赁模式是基于客户深层次需求，公司提供洗碗机供应、洗碗机使用和维修、专用洗涤剂供应"三位一体"的一揽子方案。在传统的商业模式中，社会餐饮业者经常要面对洗碗机供应、维修和洗涤剂供应三个方面的供应商。而案例公司的洗碗机租赁模式，则让客户只面对一个"集成"供应商。这种模式能够有效帮助客户一次性解决多个难题，为客户提供便利，帮助客户节约成本，公司在多、快、好、省四个方面有效满足客户需求。

通过这次组织建构，案例企业将自身"身份"清晰化，并将企业组织定位为"全面清洁解决方案的供应商"。

组织建构4.0：面向未来

通过访谈，笔者了解到公司基于租赁模式的"储备"，能够采集到大量社会性餐饮客户的数据。公司依据原有的部分"保留"，同时"设定"和"选择"新的领域，设定成为"化学清洁全面解决方案提供商"的目标。基于新一轮的"设定—选择—保留"的"连锁循环"，展望未来的平台建设和物联网业务。

启示：中国企业组织的管理与变革

前文系统介绍了维克的建构性组织理论，以及案例公司四次组织建构的过程。通过案例描述，可以看到我国民营企业进行组织建构时，具有以下特点。

组织行动先于组织目标的界定；组织目标的清晰化是一个建构过程。从案例公司的组织建构看，公司四次建构过程都是基于行动的。在对行动的反思中，主体和环境的"设定"是互动互构的。基于主要的互动过程，主体认识到自身和环境的关系是松散联合的，因此开展了组织资源、活动的过程。在第三次组织建构的过程中，公司逐渐清晰化组织目标，并将其"记忆"或者"保留"为组织层面的记忆。

模式比内容更重要。在组织建构过程中，模式比内容更重要。从案例公司的发展看，公司的创新是基于"方法"的改变，而非内容本身的改变。在后现代社会，怎么做比做什么更重要。形式上的创新对组织适应未来更为重要。

组织变革过程中，有机性和互动性是很重要的。通过组织建构理论和案例的学习，我们应该意识到组织发展历程的特点是有机演化和互动互构的。在传统的组织变革过程中，不少实践者和理论研究者倾向于将组织看作静态的存在，其主体和环境的作用似乎是单一的，即由客体"流向"主体。但通过学习社会构建学派的理论，我们了解主体和环境之间的关系是互动的，正是这种双向的、持续的互动关系使得组织对自身的身份逐渐有了认识，对自身和环境有效互动的能力有了自信和自觉，同时对自身的使命和目标也逐渐清晰起来。以这些为基础，组织在处理创新和守成、稳定和灵活、过去和未来的关系时，变得更为成熟和有分寸。

综上所述，我们可以看到维克理论对我国企业组织的管理实践和组织变革有很大的启示作用。

首先，我国社会各阶层青睐和倡导创业创新。但实际上，很多创业者的准备不足，行动很少，经验匮乏。他们耽于热情和"一厢情愿"，常常将组织目标和未来的"设定"建立在想法上。基于维克理论，其实"做了什么，才能知道自己在想什么"是更有价值的。创业需要试错、需要迭代，更需要回溯。组织过于"功利"，就会找不到组织胜任什么的想象和记忆；缺乏用于生产"意义"的时间和空间，组织面向不确定的未来就会死于匮乏和单一。

其次，维克反对组织"突然行事"。在他看来，组织是一个自组织的系统，如果系统本身已存在要素之间的负循环，那么系统本身就产生力量。在这种情况下，人为干预可能导致系统失控。他很反对将"人"作为组织系统中的关键控制点。相反地，他认为"关系""设定—选择—保留"连锁循环活动本身在组织建构中的作用要大于人，即"形势比人强"。

再次，我们经常看到我国不少企业组织的战略规划可以做得很完美，但是只存在于治理层的"头脑"中，战略部署和落地经常被卡住，不同层级之间接受信息的折损率较高。这是因为很多决策者对于组织的认识、对于成员和其相互关系的认识是很有问题的。维克理论有助于决策者了解组织行为的建构性质,以及不同主体对于其环境设定的特点,认识"现实是被主体有选择地感知的;在认知上需要重构的;而且是通过人际互动商谈和讨论而来的"。基于这样的建构主义哲学,高层管理者进行战略部署和开展落地工作时,一定会采取具有更丰富的策略选择、互动方式和讨论商谈的机制。这对企业组织战略的"规划—部署—落地"的一体化会有好处。

最后,这一理论对组织处理"稳定"和"灵活"之间的矛盾提出了实用性强的对策建议。他说:"人们必须表现得仿佛记忆是可信的, 但在其他处理过程中,又要表现得记忆并不完全可靠。"